KB266034

어제 또 돈벌었다

매매의 법칙

어제

또 돈벌었다

매매의 법칙

어제
또 돈벌었다
매매의 법칙

Trader's Mindset

A Beginner's Mannual for Trading

핵심은 성격이다

때는 대학생 1학년. 어릴 적부터 아는 50대 회사원 아저씨가 옆에서 외환 거래를 하신다. 무시하고 속으로 한숨 쉬는 청년. 그런데 자본금 300만 원으로 3개월간 꾸준히 매달 100만 원을 벌어들이시는 게 아니던가. 청년은 궁금해서 물어보았다. 거래를 직접 하는 것이 아니고 프로그램을 돌려서 자동으로 벌어지는 구조였다. 소년은 솔깃하여 어릴 적부터 모은 300만 원으로 프로그램을 돌려보기로 결심했다. 아무것도 안 해도 100만 원씩 들어오는 것이 아니던가.

이때부터 투자에 대한 편견이 조금씩 사라지기 시작했다.

그렇게 두 달은 순항하였다. 세 달째 되는 달에 사건이 터졌다. 프로그램이 오류가 난 것이 아니고 프로그램이 시장에 대처를 못하는 것이었다. 회사원 아저씨는 프로그램을 끝까지 믿고 기다리고 청년은 프로그램을 중지를 하고 자신의 손으로 직접 대응을 하였다. 결과는 회사원 아저씨는 손실을 보고 청년은 잘 해결하였다. 청년은 이때 깨달았다.

"아 프로그램이 항상 맞는 것은 아니구나. 그럼 처음부터 내가 직접 해보자."

이것을 계기로 청년은 투자 시장으로 뛰어들게 된다. 청년은 직접 손으로 하는 매매법으로 바꾸고 세 달 만에 자본금 1억을 만든다. 그다음 달은 수익으로만 1억을 벌어들였다. 이렇게 투자시장에서 승승장구를 하는 청년은 자본금 10억으로 투자를 계속한다. 청년은 자기 확신, 자신감이 하늘을 찔렀다. 이대로 승승장구하면 얼마나 좋으리.

현실은 그렇지 않았다.

두 달 동안 평가손익이 -6억이었다. 그렇게 청년은 머지않아 8억을 잃는다. 8억을 잃고 삶이 피폐해졌다. 20살 때부터 모았던 돈이 한순간에 사라지면서 20살 이후의 살았던 삶이 부정당한 느낌을 받았다. 청년은 식음을 전폐하고 악몽을 꾸고 급격하게 건강 상태가 나빠졌다. 청년은 생각했다.

"역시 투자는 삶을 피폐하게 하는구나."

하지만 다른 일은 하지 못한다. 이미 돈맛을 봐버렸기 때문이다. 청년은 다시 생각한다.

"어차피 다른 일 못하는 거 이 시장에서 정점을 찍어보자."

다시 정신을 차리고 자신이 이렇게 된 이유를 피드백 한다. 청년은 자만, 교만, 오만했던 것이다. 시장에서 근거를 찾아야 하는데 자기 자신이 근거였다. 잘못된 생각에서 나온 행동이 재앙으로 이끈 것이다. 청년은 이때 처음으로 투자를 하면서 매매법이 아닌 성격에 관한 고민을 하기 시작한다.

주식시장에서의 매매법은 무수히 많다. 그 많은 매매법이 다 옳다고는 못한다. 하지만 다 틀린 것도 아니다. 단지 매매법을 쓰는 사람의 성격, 성향이 중요한 것이다. 당연한 말처럼 들리겠지만 똑같은 매매법으로 흥망성쇠가 갈리는 주식시장에서 이것밖에 설명할 길이 없다.

핵심은 성격이다.

성공과 실패를 설명할 수 있는

매매법이 있을까?

당연한 말처럼 들리겠지만

흥망성쇠를 설명할 길,

핵심은 성격이다.

Trader's Mindset

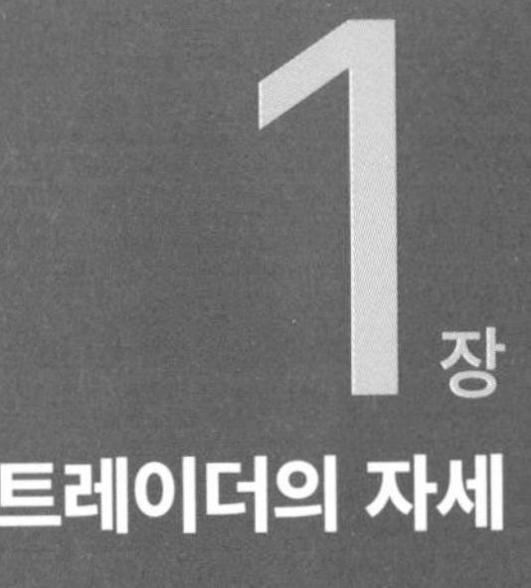

1장

트레이더의 자세

트레이딩, 생존을 위한 기술

지금까지 우리는 회사에 취직해 월급을 받는 것이 안정적인 삶이었고 삶의 기본 공식이었다. 하지만 더이상 이 공식은 통하지 않는다. 일자리는 줄고, 물가는 오르며, 고정 소득만으로는 미래를 감당할 수 없다는 사실이 분명해지고 있다.

누군가 월급 주기를 기다리는 것이 아닌 스스로 수익을 만들어낼 수 있는 역량이 요구되는 시대가 오고 있는 것이다. 즉 이제는 스스로 수익을 만들어야 한다. 그리고 그 현실적인 대안 중 하나가 바로 트레이딩이다.

　　최근 통계만 보면 실업률은 낮다. OECD 평균 실업률은 2025년 기준 4.9% 수준이다. 하지만 이 수치만으로 전체 상황을 설명할 수 없다. 청년층 실업률은 11.2%에 달하고 기술 발전으로 인해 기업들은 인력을 점점 줄이고 있다. 그 예로 백오피스의 인력들이 점차 줄어들고 있고 향후 5년 안에 백오피스 인력의 절반이 사라질 것이라고 CEO들은 경고한다.

　　또한 AI와 자동화가 사람의 자리를 없애고 있다. 과거의 실업률은 단지 '일자리가 있는가, 없는가'의 문제였다. 사람이 필요하면 고용하고, 불황이면 줄였다. 따라서 경기 순환에 따라 실업률은 오르내렸다. 하지만 지금은 상황이 바뀌었다. 기술 발전과 AI의 도입은 일자리를 없애고 있는 것이다. 아예 사람이 필요없다. 실업률의 통계는 일자리를 적극적으로 찾는 사람만 집계한다는 것이다.

백오피스 : 기업 운영에서 외부 고객과 직접 접촉하지 않는 부서를 의미한다. 대표적으로 인사, 회계, 총무, IT, 물류 관리 등으로 눈에 띄지는 않지만 조직의 시스템을 유지하는 데 핵심적인 역할을 하며 과거에는 정규직 중심의 안정적인 직군으로 인식되었다.

　　　　　　　　어제 또 돈벌었다 매매의 법칙

하지만 지금은 수많은 사람들이 구직을 포기하거나 플랫폼 노동, 비정규직에 머물고 있다. 이는 공식 실업률에 포함되지 않는 이른바 '그림자 실업'인 것이다. 지금 당장에는 실업률 수치가 낮게 보일 수 있지만 사회 전체의 고용 안정성은 무너지고 있는 중이다. 같은 실업률이지만 전혀 다른 의미를 내포하고 있다.

고용은 줄어들고 생활비는 계속 오르고 있다. OECD의 2025년 5월 기준 연간 소비자 물가 상승률은 4.0%. 과거 5년과 비교해 4~7배 상승했다. 게다가 관세 정책 등의 영향으로 앞으로 계속 증가할 추세이다. 결론적으로 실질소득이 하락하고 생활비는 늘어나는, 노동만으로는 버티기 어려운 구조가 다가오고 있다. 이렇게 일자리와 생활비가 부담되는 상황에서 우리는 먹고 살기 위해 돈을 벌어야 한다.

그렇다면 사람들이 돈을 벌기 위해 어디로 눈을 돌릴까? 타 노동 대비 훨씬 쉬워 보이고, 진입장벽이 낮은 투자 시장에 눈을 돌리게 되어있다. 학력, 경력 자격증이 필요 없는 시장 코인, 해외선물, CFD 등은 24시간 가능하다. 단지 자본만 있다면 누구나 참여가 가능한 시장이다. 특히 단기간에 큰돈을 벌 수 있을 것 같은 환상은 지친 사람들에게 현실 탈출의 통로처럼 느껴지기 때문에 더더욱 이 시장은 과열될 것이다.

고용 안정이 무너지고 실직 소득이 더 줄어들면 트레이딩 시장은 과열될 것이다. 하지만 문제는 지금부터다. 수많은 사람들이 "이 길밖에 없다"면서 시장에 몰려들면서 시장은 더더욱 과열된다. 갑자기 참여자가 폭발적으로 늘어난 오늘날의 코인처럼. 시장이 엄청나게 과열되었을 때는 이미 늦었다. 진입자가 많고, 변동성이 커지고, 정보의 격차가 심해지며 소자본 개인 투자자들이 생존하기 어려워진다. 자본주의의 세상에서 자본이 자본을 만들기 때문이다.

요약하자면 노동은 더 이상 우리 인간을 지켜주지 않는다. 사람들은 트레이딩이라는 시장에 몰릴 것이고 더욱 과열될 것이다. 왜냐하면 돈을 벌 수 있어 보이고, 들어가기 쉽고 지금 당장 살아야 하기 때문이다. 하지만 준비 없이 들어오는 사람들은 사라지고 자본과 기술을 먼저 갖춘 사람이 생존한다.

자본의 격차는 점차 벌어져 기회는 점점 줄어들 것이다. 그래서 필자는 지금이 바로 트레이딩을 준비해야 할 시기라고 판단내렸다. 아직 시장이 너무 뜨겁지 않고, 실수를 해도 회복할 여지고 있고, 학습에 집중할 수 있는 여유가 아직 존재한다.

물론 트레이딩은 위험하다. 특히 준비 없이 뛰어든다면 생존은 커녕 죽을 것이다. 인도증권거래위원회(SEBI)의 조사에 따르면 2025 회계연도 기준 개인 트레이더의 91%가 손실을 경험했다. 이유는 명확하다. 감정적 매매, 기준 없는 손절, 레버리지 남용 등 체계가 잡혀있지 않고 도박처럼 트레이딩을 하기 때문이다. 트레이딩은 단련되어야 한다. 배우고 훈련하고 원칙을 세운다면 손실 가능성을 줄이고 수익 가능성을 높이는 행위가 가능하다.

한때 투자는 도박이나 욕심으로 여겨졌지만 지금은 다르다. 이제는 자기계발이며 선택이다. 그리고 다가올 미래에 투자는 선택이 아닌 "필수"가 된다. "과거"엔 하지 말아야 할 것이었고, "지금"은 할 줄 아는 사람이 유리하며, "미래"에는 하지 못하면 생존이 어려워진다.

늦기 전에, 지금 시작해야 한다.

쥐고 있다는 걸 아는가
: 트레이딩의 주도권

트레이딩 시장에서 유리한 쪽은 언제나 사람이다. 우리는 선택할 수 있다. 들어갈지, 기다릴지, 혹은 물러설지를. 하지만 시장은 선택하지 못한다. 시장은 그저 존재할 뿐이다. 그냥 움직이고, 반응하고, 흔적을 남긴다. 이 점에서 나는 확신한다. 시장보다 인간이 훨씬 유리한 위치에 있다는 것을.

속된 말로 '선빵필승'이라는 말이 있다. 먼저 때릴 수 있는 쪽이 이긴다는 뜻이다. 하지만 먼저 친다고 이길 수 있는 것은 아니다. 준비된 사람만이 그 타이밍을 고르고, 실행하

WALL ST
WALL ST
BROADWAY
CANYON OF HEROES

여 이길 수 있다.

트레이딩도 마찬가지다. 아무런 준비 없이 시장에 나서면, 매 순간이 위기고 모든 움직임이 공포다. 하지만 모든 가능성을 미리 시뮬레이션하고 변수를 가정한 상태에서 시장에 들어선다면 얘기가 다르다. 낯설다고 느껴졌던 흐름도 익숙한 그림이 되고, 두려웠던 움직임도 이미 알고 있던 장면이 된다. 이게 바로 준비된 자의 싸움이다.

세상 대부분의 경쟁자는 자신을 감춘다. 의도를 숨기고 약점을 드러내지 않고 때로는 거짓도 말한다. 하지만 시장은 다르다. 시장은 과거의 모든 움직임을 기록으로 남긴다. 숨기지 않는다. 거짓말도 하지 않는다. 차트는 과거를 보여주고 데이터는 결과를 말해준다. 우리는 그 데이터를 분석해 전략을 세울 수 있다. 이만큼 투명한 상대는 드물다.

게다가 우리는 싸우기 전에 연습할 수도 있다. 바로 '모의 전투'를 치를 수 있다. 리스크 없이 훈련의 기회를 무제한으로 가질 수 있는 것이다. 이렇게 과거를 볼 수 있고 거짓 없이 움직이며 연습까지 허용되는 싸움터가 또 있을까? 이만큼 이기기 쉬운 상대는 드물다. 나는 오히려 이렇게 말하고 싶다. 세상에 시장만큼 이기기 쉬운 상대는 없다.

그런데도 많은 사람들은 트레이딩을 어렵다고 말한다. 두렵다고도 한다. 하지만 나는 그렇게 생각하지 않는다. 그건 시장이 어려운 게 아니라, 내가 준비되지 않았기 때문이다. '지피지기면 백전불패'라는 말처럼 시장을 알고 나를 알면 두려울 이유가 없다. 트레이딩에서 '지피'는 시장에 대한 분석이고 '지기'는 나에 대한 통제다. 이 둘이 갖춰졌다면 시장은 더 이상 위협이 아니라 분석 가능한 상대이자 이길 수 있는 대상이다.

트레이딩은 결국 내가 시장을 어떻게 바라보느냐의 싸움이다. 시장은 언제나 열려 있고, 문제는 내가 어떤 관점으로, 어떤 준비로 그 안에 들어가는가이다. 트레이더는 수동적으로 휘둘리는 존재가 아니라 시장에 대응하고 지배하려는 능동적인 존재다. 결국 이 싸움은 '시장 vs 나'가 아니라, '시장 vs 준비된 나'의 싸움이다. 주도권은 나에게 있고 전략도 나에게 달렸다. 내가 준비되어 있다면 시장은 두려운 존재가 아니라 기회 그 자체가 된다.

시장은 움직이고, 우리는 생각한다. 시장은 감정이 없고, 우리는 감정을 통제할 수 있다. 시장은 과거를 드러내고 우리는 그 과거를 분석해 미래를 상상할 수 있다. 이 싸움은 본질적으로 사람이 유리하다. 단 준비되어 있을 때만.

트레이딩은 단순히 돈을 걸고 이익을 노리는 일이 아니다. 그것은 시장이라는 싸움터 속에서, 내가 얼마나 나를 통제하고 얼마나 치밀하게 준비했느냐를 보여주는 싸움이다. 그리고 그 싸움에서 이기는 쪽은 늘 정해져 있다. 준비된 사람이다. 당신은 생각보다 훨씬 유리한 위치에 있다는 것을 항상 인지하길 바란다.

학이 되어라

학은 섭금류 포식자로 주로 습지나 강 주변에서 물고기를 사냥한다. 독자는 학이 사냥하는 것을 본 적이 있는가? 학은 물고기를 사냥할 때 몇 분이고 그 자리에서 기다린다. 자리가 안 좋다면 고심해서 천천히 자리를 옮기고 또 다시 기다린다. 그렇게 기다리다 길고 가느다란 부리로 핀 포인트를 목표로 빠르게 낚아챈다. 낚아채지 못했다면 다른 자리에서 기회를 본다. 학이 생존하는 방법이다.

트레이더도 학처럼 움직여야 생존이 가능하다. 선물 시장이란 것은 내가 만들어서 이끌어가는 것이 아니다. 자연

어제 또 돈벌었다 매매의 법칙

현상이다. 마치 학이 강에 물고기가 있는 스폿에 가서 사냥
을 하는 것처럼 물고기를 잡을 수 있는 자리와 타이밍을 기
다려야 하는 것이다. 자리와 타이밍이 좋지 않으면 실패한
다.

학은 사냥에 실패하면 에너지를 소비하고 트레이더는
돈을 잃는다. 한 번의 사냥이 매우 중요하다. 그 매우 중요
한 자리와 타이밍을 잡기 위해 기다림이 필요한 것이다. 정
말 확실한 자리만 최대한 기다리면서 매매를 해야 한다.
"좋은 자리에서 진입하지 못했다면 놓아주어라. 그리고 좋

은 자리를 기다려라." 참 쉬운 말이다. 하지만 막상 그 상황에 직면하면 자신을 통제하기 힘들다.

학이 좋지 않은 자리에서 물고기 사냥을 실패한다면 다른 좋은 자리를 찾기 위해 에너지를 써서 움직여야 한다. 좋은 자리에서 물고기 사냥을 실패한다면 자리를 옮길 것도 없이 고개만 돌려 옆의 다른 물고기를 노려도 무관하다.

트레이더가 좋은 자리에서 진입을 했다면 최대한 손실을 적게 보고 수익을 극대화 시킬 수 있다. 이렇지 않고 좋지 않은 자리, 즉 어정쩡한 자리에서 진입하게 된다면 심리적으로 불안하다. 두렵고 불안한 마음에 수익이 조금 났을 때 팔아버리거나 물려버린다. 수익이 조금 났을 때 팔아버리는 행동은 좋은 자리에 진입했을 때도 해당이 되는 부분이다.

뇌동매매(雷同賣買) : 다른 사람들의 매매 행동이나 시장의 분위기에 무작정 따라 하는 거래로, 남들이 사니까 나도 사고 남들이 파니까 나도 파는 식의 비이성적으로 매매를 말한다.

어제 또 돈벌었다 매매의 법칙

수익이 조금 났을 때 팔고 얼마 지나지 않아 원하는 목표가까지 가버렸다면 심리적으로 더 조급해지고, 이렇게 되면 어떻게든 따라붙어서 더 먹으려고 한다(뇌동매매). 잘 들어갔지만, 너무 짧게 먹고 팔았기 때문이다. 더 올라가 버리니 너무 아쉬운 것이다. 그러다 추격매수(어정쩡한 자리)로 따라붙으면서 물려버린다. 이런 상황이 반복되다 보면 당신의 계좌는 녹아있을 것이다. 이처럼 기다림은 좋은 자리를 찾기 위한 필수 덕목이다.

저자가 생각하는 좋은 자리의 조건 중 하나는 자신을 컨트롤 가능한 영역에서 진입하는 것이다. 쉽게 말해 시나리오를 짜야 한다. 시나리오란 진입, 손절, 청산을 시장에 진입하기 전 미리 설계하는 것이다. 미리 설계를 해놓았기 때

조급함을 이겨낼 나만의 시나리오를 준비하자!

문에 뇌동매매를 할 가능성이 적어진다. 반대로 여유를 준다. 이 시장에서 여유는 엄청난 무기다. 조급함이 아닌 여유에서 나오는 판단은 옳은 판단이 많기 때문이다.

당신이 기다리지 않고 편해지려는 욕구를 이기고 좋은 자리에서 진입하면 끝이 아니다. 총 세 개의 관문 중 이제 첫 번째 관문을 통과했다.

그 많은 유혹과 초조함을 견디고 또다시 유혹과 초조함을 견뎌내야 한다. 그렇다 진입 후의 상황, 두 번째 관문이다. 사람들은 대부분 착각한다. 진입을 잘해야 살아남을 수 있다고. 반은 맞고 반은 틀리다. 이 시장에서 살아남기 위해선 두 번째 관문을 통과하지 못하면 절대 살아남을 수 없다. 그것도 잘 통과해야 한다. 애매하게 통과해서 계좌가 몇 년간 원금을 벗어나지 못한다면 이것이 살아남았다고 해도 되는 것인가?

추격 매수 : 가격이 상승하고 있는 도중 더 상승할 것을 예상하고 매수하는 행위. 추격 매도 또한 마찬가지.

      어제 또 돈벌었다 매매의 법칙

두 번째 관문에서 필요한 것은 계좌에 손실이 실시간으로 찍히고 있는 상황에서 아무렇지 않은 강심장, 실제 손실을 봐 돈을 잃더라도 심리에 지장 가지 않는 정신력 뿐만 아니라 목표 가격까지 수익을 기다리는 대담함도 필요하다. 또한 수익과 손실이 엎치락뒤치락하는 모습을 보고 조급해하지 않는 마음가짐도 필요하다. 철저하게 자신과의 싸움이다. 이 필요한 것들의 총 집합체는 기다림이다.

두 번째 관문에서 당신이 수익을 내거나 손실을 낸다면 세 번째 관문이 당신을 기다리고 있다. "매매가 끝나면 끝이 아닌가?"라고 생각한다면 그건 꽤나 큰 착각이다. 수익에 대한 자신감, 손실에 대한 조급함, 작은 수익에 대한 아쉬움 등. 이 모든 감정을 제어하고 다음 좋은 자리, 즉 시나리오를 짤 수 있는 좋은 자리를 기다려야 하는 관문이다.

이렇게 총 3개의 관문의 사이클을 돌렸다면 온전히 자신만의 매매를 완료한 것이다. 이 사이클이 계속 진행되고 쌓여간다면 당신은 당신도 모르게 고수의 영역에 다다르고 있을 것이다.

트레이딩의 두 얼굴
: 기다림의 전투방식

시장은 언제나 움직이지만 모든 움직임에 반응하는 것이 능사는 아니다. 진정한 트레이더는 기다릴 줄 아는 사람이다. 다만 기다림의 길이는 사람마다 다르다. 시장은 전쟁터다. 그 안에서 우리는 모두 전사다. 하지만 싸우는 방식은 저마다 다르다. 누군가는 칼을 뽑아 단숨에 베어내고 누군가는 숨을 죽이며 한 발을 위해 오래 기다린다.

이 글은 그런 "기다림의 전투방식"에 대한 이야기다. 즉각 벨 수 있는 사무라이가 될 지, 침착하게 기회를 노리는 저격수가 될 지. 시장이라는 무대 위에서 펼쳐지는 두 전사의 철학에 빗대어 설명하려 한다.

사무라이는 기다리지 않는다. 기회가 눈앞에 나타났다면, 그 즉시 칼을 뽑아 벤다. 단타, 스캘핑, 데이 트레이딩 등 사무라이의 무기는 빠른 판단과 즉각적인 행동이다. 중요한 건 속도와 순간 포착 능력이다. 기다림은 짧고 행동은 빠르다. 그만큼 사무라이는 피곤하다. 눈은 차트를 주시하고 손은 키보드 위에 올라가 있다. 작은 수익을 여러 번 쌓아가며 신호 하나에 목숨이 걸린 듯 반응한다. 사무라이를 택하겠다면 팔 한 짝을 내어주고 적을 죽이는 각오를 해야 한다. 팔 한 짝도 주기 싫다면 머지않아 목숨을 주게 될 것이다.

사무라이의 전투는 짧고 치열하다. 많은 결정을 하루에 쏟아내며, 그 안에서 자기 신뢰를 쌓고 깎아내림의 반복이다. 한편으로 사무라이는 알고 있다. 이 시장과의 싸움의 끝

스캘핑(Scalping) : 아주 짧은 시간 안에 매매를 반복하며, 미세한 가격 차이에서 수익을 추구하는 초단기 전략이다. 수초에서 수분 사이에 진입과 청산이 이뤄지며, 빠른 판단력과 철저한 리스크 관리가 요구된다. 보통 하루 수십건 이상의 거래가 발생한다.

은 자기 반응과 감정의 통제력에 달려 있다는 것을.

"망설임은 칼날보다 날카롭다."

저격수는 급하지 않다. 저격수에게 시장은 넓은 평야고 목표는 드물게 나타난다. 그러나 단 한 번의 발사로 모든 것을 결정지을 수 있다. 스윙 트레이더, 포지션 트레이더, 장기 투자자 등 오랜 분석과 기다림 끝에 한 발을 선택한다. 시장이 흔들려도 흔들리지 않는다. 수많은 유혹을 견디며 자신의 정한 위치에 목표가 도달할 때까지 기다린다.

저격수의 무기는 인내심, 분석력, 그리고 멘탈이다. 여기서 저격수의 무기인 '인내심'이라는 단어로 쉽게 정의할 수 있는 것이 아니다. 저격수의 무기는 불확실성 속에서도 스스로를 지키는 사유의 힘이다. 저격수에게는 기다림은 비활동이 아니라 준비다.

저격수는 많이 쏘지 않는다. 저격수에게 중요한 것은 잦은 승리가 아니라 큰 흐름 속의 명중이다. 기회는 인내 속에 있다. 잘못된 타이밍에 쏘기보다는 하루 종일 총구를 들지 않는 쪽을 택한다. 저격수 또한 알고 있다. 한 발의 정확함이 백 발의 조급함보다 낫다는 것을.

"정확한 한 발은, 열 번의 조급한 격발보다 깊다."

사무라이와 저격수, 누가 더 뛰어난지는 중요하지 않다. 중요한 건 당신의 성향이 어느 쪽에 가깝냐는 것이다. 빠르게 결단하고 반응하는 스타일이라면, 스캘핑이나 단타 트레이딩이 맞을 수 있다. 반대로 차분히 기다리고, 큰 흐름을 읽는 것을 선호한다면 스윙, 포지션 트레이딩, 장기 투자가 더 적합할 것이다.

많은 사람이 묻는다. 단타가 낫나, 장투가 낫나? 하지만 이 질문은 틀렸다. 중요한 것은 어느 쪽이 '좋은 방식'인지가 아닌 어느 쪽이 '나에게 맞는 방식'인지이다.

트레이딩은 기술이자 전략이지만, 동시에 자기 이해의 과정이다. 사람마다 인지 속도, 감정 반응, 사고 방식이 다르기 때문에 모두가 같은 방식으로 싸울 수는 없다. 문제는 단순히 어떤 방식이 '더 나은가'가 아니다. 정말로 우리가 관철해야 할 질문은 이렇다.

　"나는 누구인가?"
　"나는 어떤 방식으로 결정을 내리는 사람인가?"

　칼을 들어야 할 사람이 조준경을 달면 혼란이 온다. 또한 숨을 죽여야 할 사람이 매 순간 검을 휘두르면 지친다. 무기는 전사의 본성에 따라 선택되어야 하고 선택해야 한다. 자기 성향을 이해하지 못한 채 전략만 쫓는 자는 결국 시장에 잡아 먹힐 뿐이다.

　결국 필자가 얘기하는 기다림은 '시간'이 아닌 '방식'이다. 기다림은 단순히 '지연'이 아닌 '삶의 태도'이며, 자기 내면과의 대화다. 트레이딩에서도 마찬가지다. 당신의 기다림은 몇 초인가? 아니 몇 시간, 몇 달인가? 이것은 단순한 시간의 단위가 아닌 당신의 세상을 어떻게 인식하고, 어떻게 반응하는 사람인가를 말해주는 신호다. 시장은 매일 전사에게 묻는다. "너는 지금, 어떻게 기다리고 있는가?" 전장에서

　어제 또 돈벌었다 매매의 법칙

이기고 싶은 전사는 질문에 대한 답이 준비되어 있어야 한다. 칼을 뽑을 준비든, 방아쇠를 당길 준비든.

"중요한 것은 무기의 종류가 아니라, 그 무기를 쥐고 있는 당신의 자각이다."

당신은 어떤 전사인가? 칼을 뽑을 준비가 된 사무라이인가 아직 조준 중인 저격수인가? 당신의 전투는 이미 시작되었다. 당신의 무기를 들어라.

단타(단기 매매) : 짧은 시간 안에 매매를 반복하며, 빠른 수익 실현을 노리는 매매 방식이다. 보통 수분, 수시간, 하루 이내에 포지션을 청산하며, 시장 변동성에 민감하게 반응하는 것이 특징이다. 빠른 판단과 높은 집중력이 요구되며, 감정 조절이 중요한 요소이다.

데이 트레이딩(Day Trading) : 하루 안에 모든 거래를 마감하는 단기 매매 방식이다. 포지션은 몇 분에서 수 시간까지 유지될 수 있지만, 당일 안에 청산하는 것이 원칙이다. 시장의 흐름에 민감하게 반응하며, 주로 기술적 분석을 기반으로 한다.

장타(장기 매매) : 장타는 수주에서 수년까지 포지션을 보유하며, 큰 추세나 기업 가치의 성장을 노리는 전략이다. 단기적인 가격 변동보다는 거시적 흐름과 펀더멘털 분석에 집중한다. 인내와 확신, 그리고 긴 호흡의 사고방식이 요구된다.

스윙 트레이딩(Swing Trading) : 며칠에서 수주에 걸쳐 포지션을 유지하며, 중단기 흐름을 공략하는 전략으로 시장의 변동성 속에서 파동을 타고 수익을 얻는 것을 목표로 한다. 기술적 분석, 기본적 분석을 함께 사용하여 단타보다 적은 스트레스와 더 큰 흐름을 추구한다.

포지션 트레이딩(Position Trading) : 수주에서 수개월, 때로는 수년 동안 포지션을 유지하는 장기 전략이다. 거시적 흐름과 기본적 분석에 기반해 추세에 올라타는 방식이며, 단기 노이즈보다는 큰 방향성에 집중한다.

   어제 또 돈벌었다 매매의 법칙

직감을 맹신마라

트레이더에게 직감은 가져야 하는 요건 중 하나이다. 많은 전문가들은 직감이 좋아야 이 시장에서 살아 남을 수 있다고들 한다. 그러데 평범한 사람의 직감은 이 시장에서는 독이다.

직감이란 생각, 추론, 감정 등을 거치지 않고 사고하는 것을 말한다. 한마디로 무의식적으로 느껴지는 감각이란 것이다. 그 감각에 맡겨 결정을 선택하거나 보류하는데 이 시장에서의 직감은 숙련된 사람에게만 해당이 되는 말이다. 이 시장을 처음 접하거나 시작한 지 얼마 안 된 사람의 직감은 대부분 틀린 것이다.

"직감은 무의식의 지혜다"라는 말이 있다. 우리가 의식적으로 인지하지 못하는 사이에도 우리 뇌는 경험과 정보를 지속적으로 처리하고 판단의 기준을 마련한다. 직감은 무의식 영역에서 오는 것이다. 무의식에서 경험, 지식, 감정들이 직감이라는 형태로 우리에게 명령을 하는 것이다.

이 시장을 처음 접하거나 시작한 지 얼마 안 된 사람들이 가지고 있는 무의식, 즉 직감은 일상생활에서의 직감이다. 이 직감은 트레이더에게 전혀 필요 없다. 평범한 인간 본성에 따른다면 오히려 시장에 잡아 먹힌다. 시장은 대중의 공포, 불안, 희망 등 모든 감정이나 심리를 압축 해놓은 상태이다. 시장이 공포에 빠질 때, 광기에 휩싸일 때 당신은 이 모든 감정, 심리를 이기고 이러한 분위기를 직감이란 형태로 파악해야 한다.

따라서 트레이더로 성공하기 위해서는 직감도 훈련을 해야 한다. 경험과 지식 그리고 많은 감정을 느끼고 이 과정에서 나오는 데이터를 가지고 매매에 임하다 보면 당신의 무의식이 서서히 매매에 맞는 사람으로 젖어들 것이다. 서

서히 젖어들면 당신은 어느새 직감이 좋은 숙련된 트레이더가 될 것이다.

올바른 판단을 하기 위해 트레이더는 자신의 수준을 정확히 인지한 다음, 자신의 수준에 맞춰 이성과 직감의 비율을 적절히 분배해야 한다. 미숙한 트레이더의 경우의 비율은 이성이 90% 정도 차지해야 하며 어쩌면 그 이상 필요하다.

미숙할수록 시장에 동요되고 본능대로 움직이다, 어느 새 손실이 나버리는 결론인 것이다. 내가 사면 떨어지고, 팔면 오르는 경우이다. 직감이 중요하다 해서 맹목적으로 직감에 의지해, 이것이 지식이나 경험을 등한시하는 결과가 나온다. 탁월한 직감을 가지기 위해서 두터운 지식과 경험이 필요하다.

투자의 대가, 마이클 마커스, 마크 마이너비니, 그리고 스탠 와인스타인 등 시장에 오래 살아남은 전문가들은 하나같이 직감을 중요시 생각한다는 점이었다. 다른 한 편으로 일본의 워렌버핏이라고 불리는 후지모토 시게루는 '직감과 성공 경험에 의존하지 마라'라는 조언을 했다.

필자는 직감을 중요시하되 후지모토 시게루와 같은 입장이다. 일류 트레이더와 일반인의 직감은 비교가 안된다. 그들이 말하는 직감의 단계는 이미 정점을 찍은 상태에서의 직감인 것이다. 고로 대부분의 사람들에게는 직감보단 이성에 비율을 더 두어야 한다. 이성에 더 비율을 두다 보면 이성적으로 한 자신의 경험, 지식, 감정 등이 쌓여 이것들이 곧 직감이 되어 점차 직감의 비율을 늘려가는 식인 것이다.

하지만 직감이 시장에서 옳게 작용하는 경우는 미숙한 트레이더라도 분명 있다. 옳게 작용하는 직감을 몸에 새기고 그 직감을 기억해야 한다. 그렇게 당신의 무의식에 좋은 흔적을 계속 남겨야 한다.

트레이더는 뉴스의 해석이나 여러 가지의 기술적 분석을 사용하지만, 결국 직감을 통해 해석한다. 이 직감에 당신의 바람이 섞여 있지는 않은지 확인할 필요는 있다. 당신의 직감에 바람이 조금이라도 섞여 있으면 그것은 직감이 아니라 충동이다. 자신의 직감에 따른 선택은 믿되 그 직감을 맹신하면 안된다.

황금알을 얻고 싶은가?
그러면 거위의 배를 가르는
우를 범하지 말라

황금알을 낳는 거위. 어렸을 적 한 번쯤은 들어봤을 만한 이솝 우화다. 이솝 우화는 이야기뿐만 아니라 교훈도 함께 가르쳐준다. 트레이더의 관점으로 이야기를 봤을 때, 트레이더에게 황금알은 필요 없다.

트레이더의 세계에서 황금알은 높은 수익을 뜻한다. 높은 수익에 동반되어 자신감도 따라 온다. 이렇게 좋은 이점들만 가지고 있는 것은 아니다. 이솝 우화에서도 그랬던 것처럼 황금알은 욕심이 따라온다. 그리고 매일매일 황금알을 얻을 수 있을 것 같은 망상을 가진다. 이러한 이유로 인해 트레이더는 황금알을 멀리하고 도리어 평범한 알을 원하고 만족해야 한다.

작고 평범한 알은 높은 수익은 아니지만 수익에서 오는 자신감은 황금알과 유사하다. 하지만 결정적인 차이가 있다. 거위가 황금알을 낳을 때의 긴장감과 불안함에 비해 비교적 평범한 알을 낳을 때에 편안함. 이 편안함은 알을 낳는 도중이나, 다음 알을 낳을 때 큰 영향을 끼진다. 비록 삭고 평범한 알은 낮은 수익과 낮은 만족감으로 인한 흥미와 관심이 떨어질 수 있지만, 지속적으로 매매하고 살아남아야 하는 세계에서 황금알만을 갈망하면 오래 생존하기는 힘들다. 하지만 대부분의 트레이더들은 황금알을 얻는 것을 목표를 하고 궁극적인 목표로 삼는다.

평범한 알을 당연하게 낳지 못하는 상태에서의 황금알을 원하는 것은 일확천금을 노리겠다는 말과 일맥상통한다. 즉 운에 맡기는 것이다. 트레이더는 운이 작용하는 시장이다. 하지만 운에 의존하는 것이 아닌 확률에 비중을 두어 차트를 분석하여 더 높은 확률에 배팅하는 것이 트레이더다. 트레이더가 운에 의존하는 순간, 더 이상 트레이더가 아닌 도박꾼이다.

필자도 황금알을 원한다. 하지만 앞서 말한 황금알과는 다른 황금알이다. 필자가 선망하고 원하는 황금알은 운에 기대지 않고 실력으로 얻는 황금알인 것이다. 실력으로 얻는 황금알은 평범한 알에서부터 나온다. 평범한 알을 낳다 보면 황금알이 나올 때가 있다. 선행으로 운을 바라는 것이 아닌 후행으로 운이 따라와야 한다. 황금알이 나온 것에 만족하는 것이 아닌 황금알이 나온 이유를 찾아야 한다. 어느 지점, 무슨 상황에서 황금알이 나오는 지 분석하여 평범한 알의 빈도를 줄이고 황금알의 빈도를 늘리는 것이다. 이렇게 황금알의 빈도를 높이면 어느새 당신은 황금알이 평범한 알처럼 느껴질 것이다.

필자가 말하는 바는 운으로 황금알을 지향하고 바라는 것이 아닌 실력으로 황금알을 쟁취하여 이것을 기반하여 성장의 발판으로 삼아야 하는 것이다. 반대로 운을 기반한 황금알을 지향한다면 성장은 커녕 잘못된 방향, 즉 도박의

냄새가 물씬 품기는 매매로 전락하게 된다.

이솝 우화에서는 황금알을 더 많이 더 빨리 얻어 부자가 된 자신을 상상하며 결국 거위의 배를 가른다. 누구나 이 이솝 우화를 읽으면 거위 주인의 행위가 바보 같고 어리석기 그지없다고 생각한다.

하지만 투자 시장에 대입해 보았을 때 많은 투자자들이 자신도 모르게 거위 주인과 똑같은 행동을 한다. 황금알을 우연히 얻었든, 운이 좋아 얻었든, 실력으로 얻었든, 계속 얻을 것만 같은 기분에 휩싸이곤 한다. "매일 황금알을

얻겠지? 한 달에 이만큼씩이나? 그럼 일 년에는…" 이 같은 망상에 빠지곤 한다. 하지만 현실은 당신에게 매일 달콤하고 커다란 황금알을 쥐여주진 않는다. 도리어 거위의 발이나 손을 앗아갈지도 모른다. 결국 거위는 알을 낳을 수 있는 기능을 상실해 평범한 알조차 낳지 못한다. 망상과 욕심에 눈이 멀어 거위의 배를 가르는 것이다.

트레이더에게 거위란 배팅할 수 있는 증거금, 즉 자본이다. 욕심으로 인해 자본의 일부분을 계속해서 내어준다면 증거금이 부족하여 배팅을 할 수 없게 된다.

증거금은 트레이더 세계에 도전할 수 있는 티켓이고 기회를 잡을 수 있는 준비다. 동시에 잃으면 안된다는 압박의 장치이기도 하다. 이렇게 중요한 증거금을 위협하는 원초적인 욕구는 욕심이다. 욕심의 정확한 정의는 '분수에 넘치게 무엇을 탐내거나 누리고자 하는 마음'이다. 정의한 바와 같

증거금(證據金) : 거래를 하기 위해 미리 예치해야하는 보증금 성격의 돈으로 거래의사와 자금능력을 증명하기 위한 최소 금액이다. 증거금율은 전체 거래 금액 중 투자자가 부담해야하는 비율이다.

이 평범한 알에 만족을 하지 못하고 황금알을 얻는 것에 매진하는 것은 욕심이다. 트레이더가 영원히 해결해야 할 숙제, 욕심. 욕심을 제어하지 못한다면 트레이더로 있을 수 없게 된다.

꾸준하게 평범한 알을 낳는 것, 그것은 곧 지속적인 수익이다. 운에 기대어 황금알을 얻는 것보다 달성하기 더 어렵고, 값진 것이다. 지속적인 수익은 자신의 욕심을 이기는 것에서부터 나온다. 그러니 큰 수익을 바라는 마음을 버리고 일정한 수익을 바라고 목표로 한다면 욕심이라는 가장 큰 적에 대응할 수 있는 마음가짐을 가지게 된다.

여담으로 지속적인 수익에서도 다른 관점의 욕심이 생긴다. 말 그대로 연속적으로 수익을 내고 싶은 욕구이다. 일주일째 수익을 내었다면 당신의 연승을, 오늘의 승리를 이어 나가고 싶을 것이다. 그래서 자신의 판단의 오류를 제대로 마주하지 않고 인정하지 않는다. 자신의 승패, 전적에 연연하지 않고 매매하는 당일, 현재 상황을 신경 써야 한다. 결국 중요한 것은 과거의 기록이 아닌 자본금을 지키는 것임을 잊지 말아야 한다.

당신의 분수?
당신의 수준에서 시작하라

당신은 당신의 분수를 알고 있나? 트레이더의 세계에서는 자신의 분수를 알아야 지속적으로 이 시장에서 살아남을 수 있다. 이 세계에서 생존하는 데에 있어 필요한 조건 중 하나인 것이다.

당신은 진입 후 안절부절 하거나, 자신에게 확신을 가지지 못한다거나, 성급한 판단을 하는 등 심리적으로 불안한 경험을 해본 적이 있는가? 이러한 경험은 자신의 분수를 넘어서는 행동을 하여 불안한 것이다. 하지만 불안함이나 자기 불신이 없어야 분수에 맞는 행동이라고 하는 것이 아니다. 작은 돈이라도 충분히 심리적으로 흔들리고 신경이 곤두서게 된다. 필자가 말하는 분수는 편안함의 정도다.

자신의 분수에 넘치는 행동을 하는 대표적인 경우는 자본금을 높이고 계약 비중을 높이는 것이다. 계약 비중이 높아지면 자연스레 손실 금액도 커진다. 그에 따른 심리적 압박감이 당신의 매매에 불순물이 되어 좋지 않은 결과를 초래한다. 물론 수익률도 비례해서 증가한다. 하지만 매일매일 지속적으로 배팅을 이겨야 하는 상황에서 심리적 압박감이라는 무게 추를 달고 매매해야 할 이유가 있을까? 연쇄적으로 손실이라도 난다면 그 다음 날까지 더욱 무거운 무게 추를 달고 매매해야 할 것이고, 그에 대한 결과는 뻔한 결말이다. 텅 빈 계좌가 되는 것은 시간문제다.

트레이더가 돈을 버는 것보다 우선적으로 생각해야 하는 것은 생존이다. 돈을 많이 벌고 적게 벌고의 문제가 아닌 돈을 잃을 때, 감당 가능한 만큼 잃어야 한다. 감당 가능한 만큼 잃어야 무게 추를 떼어내고, 그 다음 매매에서 비교적 깨끗한 정신 상태로 집중할 수 있다. 또한 자본금이 있어야 기회가 생기고 기회를 잡을 수 있다. 이것들을 가능하게 하는 것은 자신의 분수를 앎에서부터 시작된다.

자신의 분수를 파악하고 분수에 맞는 계약 비중을 둔다면 한결 편안한 매매가 가능해질 것이다. 편안한 매매, 보고 듣기에는 당연하고 가볍게 흘려들을 수 있는 말이다. 하지만 절대 가볍게 흘려들을 수 없는 말이고 당연하지 않은 말이다. 편안한 매매에서 오는 효과는 당신의 매매에 절대적인 긍정적 효과를 미친다.

편안한 매매의 긍정적 효과는 이렇다. 감당 가능한 자본, 계약 비중으로 이 시장에서 지속적으로 생존할 가능성이 높아진다. 자연스레 매매의 기회도 많아질 것이고 매매 데이터 또한 쌓아 나갈 수 있다. 부담이 되지 않는 가격이기 때문에 차트 집중도가 현저히 올라갈 것이고, 심리적으로 불안감, 불안함도 줄어들 것이다. 이런 긍정적인 시너지로 인해 매매법이 확립이 되고 자신감이 붙는다면 자연스레 자신의 역량이 올라가는 경험을 하게 된다.

이제 편안한 상태에서의 매매가 중요하다는 것을 알게 되었다. 그렇다면 편안한 매매를 하기 위해서는 자신의 분수를 알아야 하는데, 자신의 분수를 어떻게 알 수 있을까?

필자는 돈을 잃어가며 분수를 알았다. 차티스트로서 차트를 분석하고 매매를 해야 하는데 차트에 눈이 가지 않고 잔고에 눈이 가는 나를 발견했다. 매매법이 망가졌다고 생각해, 차트에 신경을 집중할 수 있도록 계약 비중을 조절했다. 계약 비중을 줄이고 나서도 목표치까지 기다리지 못하는 나를 보고 계약 비중을 다시 줄였다. 이제서야 편안한 상태가 되어 온전히 매매법에 집중할 수 있었다. 이렇게 매매

를 할 때 자신의 상태를 객관적으로 파악하여 편안하게 매매할 수 있는 상태까지 찾아야 한다. 하지만 편안한 상태에서 매매를 한다고 해서 긴장감이 없는 매매를 해서는 안 된다. 도리어 매매를 대충 할 수도 있다. 편안한 상태를 유지하되 적당한 긴장감이 있는 상태에서 하는 것이 추후 매매법과 역량을 강화하는 데에 도움이 된다.

계약 비중을 줄인다면 수익을 내도 만족할 만한 수익은 아니다. 하지만 자신이 감당 가능한 수준에서 꾸준한 수익이 난다면 긴장감이 없어지는 순간이 올 것이다. 그 긴장감을 유지하기 위해 자연스레 계약 비중이 올라간다.

수익이 얼마나 났는지 일희일비 하는 것보다 작은 금액이라도 매매법을 완성하는 방향이 당신에게 더 큰 자산이 된다. 같은 핍(Pip)을 먹었다는 가정하에 1계약에 30만 원이지만, 10계약에 300만 원이다. 지금 당장은 "작은 금액으로 해서 언제쯤 경제적 자유를 누리겠어"지만 장담한다. 편안한 상태에서 적당한 긴장감이 익숙해지는 경험을 세 번만 하면 당신은 이미 경제적 자유를 누리고 있을 것이다.

　핵심은 자신의 분수를 알고, 자신에게 알맞은 비중을 설
정, 편하고 적당한 긴장감 속에서 긴장감에 익숙해지다 보
면 과거 당신의 분수 넘치는 행동은 지금 당신의 역량이 될
것이다.

일확천금? 투자에 그런 건 없다

　‘주식’이라는 단어를 떠올려 보았을 때 생각하는 이미지는 두 가지 방향으로 생각된다. 벼락부자, 인생 역전, 일확천금 등 돈을 벌은 쪽, 패가망신, 파산, 빚 더미 등 돈을 잃은 쪽. 이런 이미지가 대부분의 사람들이 주식을 인식하는 방향이다. 두 방향의 이미지가 모두 좋은 방향은 아니다. 돈을 번 쪽은 노력없이, 운이 좋아 쉽게 돈을 번 느낌이고, 돈을 잃은 쪽은 주식 거래를 한 행위에 대해 안 좋게 보는게 대다수다.

　필자 또한 이런 이미지에 대해서 동의를 한다. 대부분의 사람들이 이미지 대로 주식을 하기 때문이다. 주식으로 돈을 벌은 쪽은 이미지대로 쉽게 돈은 벌은 이미지인데, 어째서 주위를 둘러보면 투자로 잃은 사람이 더 많을까? 답은 간단하다. 주식 행위, 즉 투자를 하는 목적이 쉽게 돈을 벌고 싶고, 현실을 벗어나고 싶고, 경제적 자유를 빨리 얻고 싶기 때문이다. 이 세 가지를 충족시키는 방법은 일확천금이다.

"일확천금? 투자에 그런 건 없다"라고 했는데, 왜 돈을 버는 쪽에 일확천금을 써 놓았는지 궁금할 것이다. 그 이유는 일확천금으로 투자 시장에서 살아남는 사람은 본 적이 없을뿐더러 일확천금의 기억으로 패가망신, 파산, 빚더미의 루트를 밟는 것을 심심치 않게 보고, 들을 수 있기 때문이다.

투자 시장에서 수익금은 베팅한 만큼 그대로 돌아온다. 일확천금하기 위해선 일확천금을 할 만한 베팅 금액을 마련해야 한다. 그렇게 해서 돈을 벌었다고 치자, 당신은 일확천금한 금액으로 다시 투자 시장으로 뛰어들게 될 것이다. 돈을 쉽게 벌었기 때문에 돈의 무게가 가벼울 것이고, 쉽게 돈을 번 기억이 있기 때문이다. 그리고 이런 사람이 있다. "나는 한탕하고 평생 안 할 거야"라고 하고 한탕에 성공했다 치자. 당신의 베팅 금액이 2, 3배가 되었는데, 다시 안 할까? 여기서 "난 안 해"라고 하는 사람은 투자에서 쉽게 돈을 얻어 본 적이 없는 사람일 가능성이 크다.

그렇다면 일확천금을 하여 투자 시장에서 살아남는 사람은 뭘까? 이 실분을 파헤치기 전에 일확천금의 기준에 대해 같이 생각해보아야 한다.

일확천금의 정확한 사전적 의미는 '단번에 천금을 움켜쥔다'는 뜻으로, '힘들이지 아니하고 단번에 많은 재물을 얻음'이다. 쉽게 말해 노력 없이 천금을 얻는다는 것이다. 천금은 어느 정도의 금액이 되어야 천금이라고 말할 수 있을까? 전 재산이 100만 원인 사람에게는 1억 원이 천금일 수 있다. 하지만 전 재산이 10억 원 이상 되는 사람에게 1억 원이 천금일까? 그렇지 않다.

천금의 기준은 자신의 상태에 따라 바뀐다. 일확천금을 생각하는 사람들은 당신의 기준에서는 일확천금일지 몰라도 당사자의 입장에서는 일확천금이 아니다. 1,000만 원의 1%는 10만 원이지만 10억 원의 1%는 1,000만 원이다. 같은 1%이지만 차이가 심한 1%인 것이다. 보기엔 하루에 수천만 원씩 벌면 일확천금처럼 보이겠지만 탑 트레이더에게는 어떻게 보면 당연한 금액인 것이다. 그렇기 때문에 벼락부자, 일확천금은 탑 트레이더에겐 해당이 되지 않는 말이다. 탑 트레이더도 처음 자본금은 남들과 똑같다. 꾸준하게 이 시장에서 살아남아서 자본금이 커져 남들보다 1%의 기준이 커졌을 뿐.

하지만 인생 역전은 해당이 되는 말이다. 자본주의 세상에서 경제적 자유를 얻고 돈을 얻고 싶으면 돈을 얻고, 여행을 가고 싶으면 여행을 가고, 쉬고 싶으면 쉴 수 있는, 시간과 돈이 자유로워지는데 인생 역전이 아니면 뭐냔 말인가. 인생 역전의 발판 밑에는 무시할 수 없는 노력과 의지가 있음을 알고 있어야 한다. 그 노력과 의지에는 일확천금에 해당하는 마음가짐은 없다.

힘듦의 오해

트레이딩이든 직장이든 공부든 성공을 향해 열심히 달리다 보면 누구나 이런 생각을 하게 된다. "성공하려고 이렇게 애쓰고 있는데, 왜 이렇게 힘들까?" 이 힘듦이 마치 뭔가 잘못된 것처럼 느껴진다. 하지만 그렇지 않다. 힘든 건 잘못된 증거가 아니다. 오히려 제대로 가고 있다는 신호일 수 있다. 힘듦은 이상한 일이 아니다. 애초에 기본값이다. 무언가를 배우고, 익히고, 잘해내려는 사람이라면 피로와 혼란, 지루함과 고독 같은 감정을 피해 갈 수 없다. 그런 감정이 전혀 없다면 어쩌면 아직 그만큼 진지하게 해보지 않았다는 뜻일 수도 있다. 성공을 진짜 바란다면 이 정도의 힘듦은 너무도 당연하다. 그리고 이것은 올바른 방향으로 나아가고 있다는 방증이다.

문제는 이 기본값인 '힘듦'을 어떻게 받아들이느냐이다. 대부분의 사람들은 힘듦을 느끼는 순간, 무의식적으로 보상부터 찾는다. "오늘은 힘들었으니까 게임 좀 해도 되겠지", "스트레스도 풀어야 하잖아", "이 정도면 좀 쉬어도 되는 거 아나?" 한다. 겉으로는 합리적인 휴식처럼 보이지만 실상은 도피다. 그렇게 '힘드니까 쉬자'는 구조에 익숙해지고 그 구조에 뿌리를 내리기 시작하면 문제는 달라진다. 뇌는 '힘들면 멈춘다'라는 공식을 학습하고 그 공식을 반복하면서 우리는 점점 힘듦에 갇히게 된다. 힘듦의 늪에 빠지게 되는 것이다. 처음엔 잠깐의 휴식이었지만 반복되면 빠져나오기 어려운 패턴이 된다. 그렇게 우리는 점점 더 자주 멈추고, 점점 더 쉽게 포기한다. 결국 무너지는 건 일이 아니라, 자기효능감, 다시 말해 스스로를 믿는 감각이다.

힘듦을 비교하면 안 되는 이유는 분명하다. 애초에 비교할 수 있는 성질이 아니기 때문이다. 힘듦의 정도는 판단할 수 없다. 누가 더 힘들고, 누가 덜 힘들다 따질 수 없다. 어떤 사람은 혼자 있는 걸 참지 못하지만 어떤 사람은 그게 전혀 힘들지 않다. 어떤 사람은 루틴을 지키는 게 버겁고, 어떤 사람은 실패 후 감정을 추스르는 게 어렵다. 누구에게나 힘 듦의 민감한 지점은 다르다. 그렇기 때문에 표면만 보고는 절대 알 수 없다.

비교는 결국 나를 의심하게 만든다. 나는 분명히 힘든데, 저 사람은 멀쩡해 보일 때. 그럴 때 나 스스로를 이상하다고 느끼기 쉽다. 내가 부족한 건가, 내가 잘못된 건가 하는 혼란. 하지만 그 사람이 정말 덜 힘든 것일 수도 있고 힘든데 표가 나지 않는 것일 수도 있다. 만약 진짜로 그 일이 그 사람에게 덜 힘든 일이라면 그냥 그럴 뿐이다. 나와는 다른 조건, 다른 구조, 다른 내면을 가진 사람일 뿐이다. 내가 힘든 건 잘못된 게 아니다. 그냥 나에게는 이게 힘든 일이란 것. 거기엔 비교가 끼어들 자리가 없다.

또 힘듦을 비교하게 되면 그건 '누가 더 최선을 다했느냐'로 곧장 연결된다. 하지만 이는 잘못된 기준이다. 앞서 말했듯, 중요한 것은 시간의 질이다. 힘들었다고 해서 반드시 최선을 다한 것은 아니다. 반대로 덜 힘들었다고 해서 성의 없이 했다는 뜻도 아니다. 최선은 감정의 크기로 판단되는 것이 아니라, 얼마나 밀도 있게 시간을 채웠는가로 판단되어야 한다.

힘듦의 크기나 지속 시간은 중요하지 않다. 정말 중요한 것은 그 시간의 질, 즉 밀도 있게 시간이 채워졌는가이다. 하지만 어떤 사람은 힘듦을 피난처로 만들고, 어떤 사람은 힘듦을 발판으로 쓴다. 차이는 여기에 있다. 한 사람은 힘듦을 핑계 삼아 멈추고 다른 한 사람은 힘듦을 전제로 나아간다. 힘들지 않게 만드는 것? 애초에 불가능한 전략이다. 성장을 원하고, 성공을 바란다면 이 길은 반드시 지나가야 한다. 피할 수도 없고, 없앨 수도 없다. 해야 할 건 단 하나, 힘듦을 전제로 한 삶의 질을 높이는 것. 결국 사람을 바꾸는 건 힘든 시간이 아니다. 그 힘든 시간이 쌓였느냐, 흘러갔느냐의 차이일 뿐이다.

이를 위해 가장 먼저 해야 할 일은 힘듦을 있는 그대로 받아들이는 것이다. "지금 내가 힘든 건 이상한 게 아니다", "이 길이 원래 그런 거다." 이런 생각을 깔고 가야 한다. 그 래야 힘듦이 두려움이 되지도, 변명거리가 되지도 않는다. 힘듦은 그냥 배경이다. 그 위에 내가 할 일을 하는 것, 그것 이 진짜 실력이다.

두 번째는 힘든 시간을 '질 높은 시간'으로 채우는 것이 다. 단순히 버티는 게 아니라 매일 작은 목표를 세우고 달성 해 가는 것. 예를 들어 하루 1건의 매매 복기, 트레이딩 일지 작성, 특정 패턴 복습 등 작고 현실적인 목표를 세우는 것이 다. 그리고 이 목표를 달성했을 때만 보상을 주는 구조를 만 드는 것. 그것이 바로 '도피'와 '진짜 성장'을 구분하는 기준 이 된다.

세 번째는 상태에 따른 보상이 아닌 성과에 따른 보상이 주어져야 한다. "오늘 너무 피곤했으니까"라는 이유로 스스 로에게 보상을 주는 순간, 뇌는 '힘듦 → 도피 → 정당화'의 공식을 학습하게 된다. 반대로 실제로 무엇인가를 완수했을 때, 즉 위에서 말한 작은 목표를 완수했을 때 주는 보상은 동기부여가 된다. 그것은 반복이 가능한 자기 강화의 루틴이 되고, 자신을 믿게 만드는 기반이 된다. 보상은 단지 달콤한 휴식이 아니라 작지만 분명한 성취의 증표여야 한다.

이런 구조와 태도를 반복하다 보면, '힘들지만 나아가는 삶'에 익숙해진다. 그때부터 당신은 힘듦을 견디는 사람이 아니라, 힘듦을 살아내는 사람이 된다.

회복탄력성

당신은 '회복탄력성'이라는 단어에서 어떤 이미지가 떠오르는가? 트램펄린처럼 '퉁' 하고 튀어 오르는 장면을 상상할 수 있을 것이다. 이런 이미지는 맞기도 하고, 틀리기도 하다.

회복탄력성의 탄력은 물리학에서 말하는 탄성에서 왔다. 탄성은 어떤 물체가 힘을 받고 그 힘이 제거되었을 때 다시 원래의 모습으로 돌아온 성질을 말한다. 어떠한 사람들은 굉장히 심한 트라우마나 고난과 역경을 겪었지만 잘 극복하고 적응적으로 회복할 수 있다는 것을 발견하고 심리학자들은 이를 회복탄력성이라고 부르기 시작했다. 이렇게 회복탄력성은 원래 제자리로 되돌아오는 힘을 일컫는 말로 회복력 혹은 높이 튀어 오르는 탄력성을 뜻한다.

심리학에서는 주로 시련이나 고난을 이겨내는 긍정적인 힘을 의미하는 말로 쓰인다. 성공한 많은 유명인 스티브 잡스, 빌 게이츠, 마이클 조던 등의 공통점은 모두 실패를 겪고 실패를 발판 삼아 성공을 이뤄냈다는 것이다. 성공한 많은 사람들은 크고 작은 실패를 겪는다. 그 실패를 성공의 발판 삼아 딛고 올라가게 해주는 힘은 회복탄력성이다. 성공한 사람들은 모두 회복탄력성이 좋은 것을 볼 수 있다. 또한 회복탄력성은 높을수록 행복지수가 올라간다. 최근의 한국 청소년학회의 자료에 따르면 회복탄력성이 높은 사람과 낮은 사람이 느끼는 행복의 차이에 유의미한 결과가 있다고 밝혔다. 이처럼 회복탄력성의 중요성은 성공에만 국한되지 않는다.

회복탄력성의 중요성을 알았다면 이제는 회복탄력성에 대한 오해를 바로 잡아야 한다. 사람들이 가장 많이 하는 첫 번째 오해는 "빠르게 회복하는 것이다". 어떤 사람들은 스트레스를 받아도 금방 회복하기도 한다. 하지만 늘 빠른 회복이 좋은 회복은 아니다. 대다수의 사람들은 스트레스를 받았을 때 천천히 시간을 거쳐서 회복하게 된다. 하지만 회복탄력성은 회복에 방점을 두는 것이 아닌 "스트레스를 받았을 때 그 회복하는 과정에 대한 이야기"이다.

회복탄력성의 두 번째 오해는 "스트레스가 있기 전의 모습으로 돌아가는 것"이다. 어떤 상처를 겪었을 때 우리는 예전의 모습으로 돌아갈 수 있을까? 트라우마 혹은 스트레스를 겪은 사람들은 예전의 상태로 돌아가길 원한다. 하지만 회복탄력성은 원래의 모습으로 돌아가려는 것이 목표가 아닌 "스트레스라는 새로운 상황에서 내가 배우고 적응하려는 태도"로 임하는 것이다.

오해를 종합하면 회복탄력성은 빨리 건강하게 회복하는 것이 목표가 아니라 스트레스 과정에서 새로운 것들을 배우고 적응하고 성장하려는 태도이다. 결국 회복탄력성은 자신이 마주한 문제에 임하는 태도다.

트레이더로서 갖추어야 할 많은 자질 중 다른 무엇과도 비교가 되지 않는 자질은 회복탄력성이다. 트레이더에게 회복탄력성은 다른 직업보다 더욱 요구된다. 다른 직업들의 힘듦이나 스트레스를 무시하는 것은 아니다. 다만 트레이더는 스트레스나 비극, 시련이 자주 오는 직업이다. 손실이 즉각적, 시각적으로 명확히 보이고 수익이 손실로 바뀌는 경우도 허다하다. 트라우마는 또 어떠한가 깡통 계좌, 끝이 보이지 않는 하락, 기대와 다르게 움직이는 차트, 거대한 손실 금액 등 트레이더는 트라우마와 스트레스의 싸움이라고 해

도 과언이 아니다. 매일매일 매매를 하는 데이트레이더는 더 심할 것이다. 당장 오늘 손실이 나도 바로 딛고 일어나 그 다음날 어김없이 매매를 준비한다. 이처럼 비극과 시련, 트라우마와 항시 싸워야 하는 트레이더. 트레이더는 회복탄력성이 좋지 않고서는 수행할 수 없는 직업이다.

그렇다면 회복탄력성이 낮은, 거의 없는 사람은 트레이더를 포기해야 하는가? 더 나아가 성공과 행복을 포기해야 하는가? 아니, 그렇지 않다. 회복탄력성은 근육의 성장 방식과 유사하게 훈련을 통해 키울 수 있다. 마음의 근육인 것이다. 근육이 거의 없는 사람이 30킬로그램을 든다면 힘들지만 낮은 무게부터 점차 근력을 쌓는다면 나중엔 힘을 조금만 써도 들 수 있는 것과 같다.

회복탄력성을 키우면 스트레스를 받던 일도 그 정도가 덜해져 심적 부담이 훨씬 가볍게 느껴진다. 심리학자인 조앤 보리센코(Joan Borysenko)는 『회복탄력성이 높은 사람들의 비밀』에서 회복탄력성을 높일 수 있는 방법을 제안했다. 회복탄력성을 높이기 위한 조앤 보리센코가 제안한 열

1. 과거를 바꾸려고 애쓰지 마라.

    – 지나간 일에 머물지 말고, 지금 이 순간에 집중하라.

2. 회복탄력적 사고를 하라.

    (회복탄력성의 세 가지 비밀)

    – 현실을 직시하고 수용하라.

    – 현재 상황에서 긍정적인 의미를 발견하라.

    – 가능한 한 모든 수단을 강구해 해결책을 찾으라.

3. 다음과 같은 피해의식을 즉시 버려라.(용서의 힘)

    – 사건을 개인적 문제로 받아들이는 것

    – 문제를 확대 일반화하는 것

    – 문제가 영구적일 거라 믿는 것

4. 규칙적으로 운동하라.

5. 앉아만 있지 말고 무언가를 하라.

6. 무작정 하지만 말고 앉으라.(명상)

7. 인생에 적극적으로 뛰어들라.

8. 흐름을 전환하라.

9. 하루를 마무리할 때 고마웠던 새로운 일을 한 가지씩
   생각해 보라.

10. 친구와 소통하라.

가지 방법은 다른 직업보다 트레이더에게 훨씬 와닿는다고 생각한다. 트레이더의 관점으로 열 가지에 대해 설명하자면 이렇다.

1. **현재를 바라보라.** "이렇게 했으면, 저렇게 했으면"라고 생각하는 것은 당장의 나에게 도움이 되지 않는다.
2. 1번과 궤를 같이한다. **현실을 직시하고 지금 나의 최선이 뭔지 해결책이 무엇인지 찾아라.**
3. **탓하지 마라.** 세상은 당신을 몰래카메라 하지 않는다. 절박한 상황에도 희망을 잃어선 안된다. (이 시장에서 살아 남을 수 있다는 희망 등) 희망이 없다면 당신의 문제는 영구적일 것이다. 희망이 어둠 속에 있는 나의 동아줄이다.
4. **규칙적으로 운동하고 규칙적인 시간에 매매를 하여라.** 똑같은 시간, 똑같은 환경, 똑같은 집중력을 유지할 수 있도록 하라. 매매할 시간만 되면 최고조의 집중력을 발휘할 상황을 만들어라. 그 첫 번째 발걸음은 규칙적인 운동이다.
5. 트레이더는 앉아서 바라보며 기다리는 직업이라 할

수 있다. **차트를 보면서 멍 때리지 말고 생각하라.** 시장 상황은 어떤지, 놓친 것이 있는지, 나의 생각이 너무 편향되어 있지 않은지 등.

6. 트레이더의 육체적 노동은 앉아있기이다. 그 외에는 전부 정신적 노동이다, **머리가 팽팽 돌아가는 상황에선 잠깐 멈춰 정신을 이완시켜라.** 좁아진 시야가 넓어지고 새로운 길이 보일 것이다. (차트에 대한 생각을 히되 미릿속의 뇌뇌는 목소리가 빨라지고 겹쳐진다면 이완, 명상이 필요한 시점이다.)

7. 트레이더에겐 적극성이란 열정적으로 미친 듯이 하는 것이 아니다. 그것은 오히려 독이다. **적극적으로 하고 싶다면 더도 말고 덜도 말고 매일 같은 시간, 꾸준하게 시장에 접하는 것이다.** 퇴근하고나서 자극적인 뉴스나 숏 폼을 보는 것이 아닌 당신이 성공하고 싶은 시장 앞에 앉아라. (트레이딩을 부업으로 하기에 가장 적합한 직장은 출퇴근 시간이 일정한 공무원이다.)

8. 사람은 언제나 성공가도를 달릴 수 없다. 반대로 실패만 계속할 수도 없다. 단지 당신의 흐름이 잠깐 주춤할 뿐이다. **주춤할 때는 당신의 방식대로 흐름을 전환**

하는 방법을 찾아라. (필자는 크게 여행을 가거나 작게는 차트의 색깔을 바꾼다.)

9. **감사해라.** 수익이 났다면 수익이 난 것에 감사하고, 거래를 하지 못했다면 억지로 들어가지 않음에, 자신의 인내에 칭찬하고 감사해라. 손실이 났다면 적정 금액에서 손절한 것을 칭찬하고 더 크게 잃지 않음에 감사해라. 손절 당하고 시장이 내가 예상한 대로 갔다면 규칙과 예상이 맞았음에 칭찬을 해주어라. 그리고 피드백하라.

10. **같이 매매할 수 있는 사람을 만들어라.** 혼자서 매매하는 것보다 매매를 잘하고 함께하는 사람들이 있으면 실력을 빠르게 키울 수 있다. 같은 목표를 가진 사람들이 함께하면 고독하지 않고 서로에게 의지를 할 수 있게 된다. 매매를 잘하는 지인이나 친구가 없다면 커뮤니티를 활용하는 것도 좋은 방법이다.

손실이 나지 않는 트레이더는 없다. 다만 손실에 대한 감정, 스트레스를 어떻게 다루는가에 따라 당신의 트레이딩 수명에 큰 영향을 끼침에는 분명하다. 회복탄력성을 키워 이 시장에서 오래 살아남아 승리하는 트레이딩을 하길 기원한다. 더 나아가 당신의 일상생활도 행복하길 다시 한 번 기원한다.

성실호소인

당신은 성실한가? 대답하기 전에 성실이란 단어의 정확한 뜻을 알고 대답하길 바란다. 성실이란 '정성스럽고 참됨'이다. 해야 할 일을 한다거나, 무엇인가를 꾸준히 한다고 성실한 것은 아니라는 것이다. 정성이 들어갈 뿐만 아니라 올바르고 진실해야 한다. 이런 관점으로 봤을 때 정말 성실한 사람이 얼마나 될까.

매사에 성실한 사람은 손에 꼽을 정도로 드물다고 생각한다. 필자는 매사에 성실할 필요는 없다고 본다. 다만 단 하나의 일, 단 하나의 가치라도 내 인생에서 정말로 중요한 무언가가 있다면, 그 일만큼은 반드시 정성을 쏟아야 한다.

우리는 정성을 가볍게 여기는 경향이 있다. 하지만 놀랍게도 정성은 말보다 빠르고, 논리보다 진하게 전달된다. 사람은 작은 행동 속에서도 그 사람의 정성을 감지한다. 커피한 잔, 손글씨 메모, 눈을 맞추는 자세. 그 안에 마음이 담겨있었는지, 사람은 거의 본능적으로 알아챈다. 정성은 속일수 없다. 애쓴 흔적은 남고, 억지는 금방 드러난다.

정성의 사전적 정의는 '온갖 힘을 다하려는 참되고 성실한 마음'이다. 이상하지 않은가? 이 정의를 보면, 성실이라는 말 안에 이미 정성이 포함되어 있음을 알 수 있다. 고로 성실이란 정성이다. 그저 꾸준한 것이 아니라, 그 꾸준함 안에 마음을 다해 시간을 채우는 것. 즉, 정성이 들어가야 한다.

요즘 사회는 온갖 힘을 쓰는 것을 의아하게 보거나, 쓸데없는 행위라고 생각한다. 비효율적이라고 판단을 내린다. '속도'와 '효율'이 기준이 된 사회에서, 정성을 들이는 일은 괜히 번거롭고, 지나치게 감성적인 태도로 오해 받기 쉽상이다. 그래서 사람들은 점점 덜 애쓰게 된다. 덜 고민하고,

덜 마음을 쓴다. 또한 온 힘을 내는 것을 부끄럽게 여기기도 한다. 왜냐하면 온 힘을 낸다는 건 나의 한계와 마주하는 일이기 때문이다. 당연히 부끄럽고, 때로는 피하고 싶어진다. 하지만 어떡하겠는가. 나의 한계를 마주해야 비로소 앞으로 나아갈 수 있다. 이 문제에 대해 조금만 진지하게 생각해본다면, 무엇이 옳은지 금방 알 수 있다. 그래서 정성을 들인다는 건 쉽지 않은 일이다.

사람들이 성실을 오래 유지하지 못하는 것은, 의지가 약해서가 아니다. 대부분은 '왜 하는가'를 잊기 때문이다. 이유가 희미해지면 집중은 흐려지고, 행동은 점점 방향을 잃는다. 그래서 성실은 태도이자 중심이다. 태도는 마음에서 시작되지만, 중심은 방향을 잡아준다. 이 둘이 함께 있을 때, 성실은 오래간다. 중심이 흐려지면 결국 태도도 함께 무너진다.

성실하지 못하다고 느껴진다면, 지금부터라도 단 하나의 일에 정성을 쏟아보자. 그 일이 크고 거창할 필요는 없다. 중요하다고 여기는 단 하나의 일, 내 인생에서 중심이 되는 무언가가 있다면, 그 일 만큼은 온 힘을 다해 보자. 반대로, 성실하다고 믿고 있다면 정말 그 일에 정성을 담아 집중했는지, 다시 한 번 자신에게 묻길 바란다. 자, 다시 묻겠다. 당신은 성실한가?

정신의 세가지 변화에 대하여

니체가 경외하는, 참아내는 정신의 세 가지 변화에 대해 말했다. 정신이 어떻게 낙타가 되고, 낙타는 어떻게 사자가 되며, 마지막으로 사자는 어떻게 어린아이가 되는지에 대해서 말이다.

참아내는 정신에는 무거운 짐이 있다고 니체가 말했다. 그 정신의 강력함은 가장 무거운 짐을 요구한다. 참아내는 정신은 "무엇이 무거운가?" 이렇게 묻고선 낙타처럼 무릎을 꿇고 짐이 잔뜩 실려지길 바란다. 또 "내가 스스로 짊어지고 내 강력함에 기뻐하게 될 정도로 가장 무거운 짐은 무엇인가?"라고 묻는다. 참아내는 정신은 겸손, 인내를 스스로 짊어지고 서둘러 자신의 사막으로 급히 달려간다.

니체가 말하는 정신의 세 가지 변화는 트레이더가 가져야 할 정신과 일맥상통한다. 참아내는 정신은 무거운 짐을 요구한다. 니체가 요구하는 짐은 겸손, 인내지만 트레이더는 요구하는 짐은 훨씬 많다. 대담함, 확신, 자신감, 불안, 초조함 등 수많은 짐이 있지만 인내라는 가장 중요하고 무거운 짐이라는 것에는 동일하다. 이러한 많은 짐을 낙타처럼 짊어지고 고독한 사막으로 나아가는 것이다. 고독한 사막에서 나아간다. 사막은 말 그대로 고독하다. 도움받을 수 없는 환경이다. 트레이더는 누구의 명령으로 인해 움직이는 직업이 아니다. 내가 선택하고, 결정하는 것이다. 그래서 남을 탓할 수도 없고 탓해서도 안된다.

트레이더의 정신이 있는 장소가 어디냐고 묻는다면 고독한 사막이다. 이 고독한 사막에서 내가 가는 방향이 옳은 방향인지, 뒤로 가는 방향인지 모른다. 설령 뒤로 가더라도 그 방향이 옳지 않다고 확실하게 말할 수 있는 장소도 아니

다. 그저 이 사막을 어떻게 헤쳐나갈 것인지 고민해야 하는
입장인 것이다.

트레이더의 정신이 요구하는 가장 무거운 짐, 인내. 사
람으로서의 본능을 트레이더의 참아내는 정신으로 인내해
야 한다. 본능은 경험이나 교육에 의하지 않고 선천적으로
가지고 있는 억누를 수 없는 감정이나 충동이고 인내는 괴
로움이나 어려움을 참고 견디는 것이다. 트레이더가 본능
이 가장 강하게 발휘되는 순간은 진입하는 순간과 진입하
고 있는 도중이다. 진입한 나의 돈의 가격 색이 이리저리 바
뀌면 심리적으로 초조해져 본능대로 움직인다. 이때 본능을
인내해야 하는 것이다.

본능을 인내하지 못한 많은 대부분의 사람들은 조금 벌
고 많이 잃는다. 본능을 이겨내야 반대의 결과가 나온다. 당
신이 손실을 보고 버티는 것은 인내가 아니고 고집이고 바
람이다.

시장에 필요한 철학,
공자의 '인(仁)'으로부터

공자가 말한 '인(仁)'은 단순한 도덕 규범이 아니다. 그것은 사람으로 살아가기 위해 반드시 갖춰야 할 내면의 중심이자 태도다. 인(仁)은 '정말 사람다운 마음', 즉 참되고 따뜻한 마음, '사람다움'의 본질을 가리킨다. 공자는 그것을 실현하는 방법으로 '예(禮)', 즉 '좋은 행동'을 제시했다. 예(禮)는 겉으로 드러난 인(仁)의 표현이다. 다시 말해, 인(仁)을 가진 사람은 예(禮)를 실천하고, 예(禮)를 실천함으로써 인(仁)을 회복해 나간다. 공자가 강조한 인(仁)의 핵심은 충(忠)과 서(恕)다.

충(忠)은 내가 소중히 여기는 것을 남에게도 이뤄주려는 마음, 서(恕)는 내가 원하지 않는 것을 남에게도 강요하지 않는 태도다. 결국 인(仁)이라는 것은 '타인을 배려하는 힘'이자, 나와 타인을 모두 살리는 마음가짐이다. 사람답게 살아가기 위한 최소한의 기준이자, 인간 사회가 유지될 수 있는 가장 기본적인 원리인 것이다.

그렇다면 이 인(仁)이라는 개념은 어떻게 2천 년 넘는 세월 동안 동아시아 전체를 관통하는 인문 철학의 뿌리가 되었을까? 나는 이렇게 생각한다. 사람은 자신이 자신으로 있기 위해 반드시 '기준'이 필요하다. 그리고 인(仁)은 그 기준의 출발점이다.

이 기준은 세상이 어지러울수록 더 절실해진다. 비인간적인 세상에서 인간으로 남기 위한 최소한의 조건, 그것이 인(仁)이다. 공자가 예(禮)를 통해 인(仁)을 회복하라고 말한 이유는 명확하다. 내가 나를 지키기 위한 행위, 내가 사람으로 존재하기 위한 실천이 바로 예(禮)이고 그로써 인(仁)은 완성되는 것이다.

나는 트레이더다. 자본주의 시장의 끝판왕이라고 불리는 투자시장에서 살아남고 있다. 가끔 사람들은 나에게 묻는다. "어떤 것부터 시작해야 할까요?", "무엇을 익혀야 하나요?", "비법이 있나요?" 많은 이들이 기술, 방법, 노하우를 원한다. 하지만 정작 시장에서 가장 오래 살아남는 사람들은 기술 이전에 '기준'이 명확한 사람들이다. 나는 그 질문을 들을 때마다 자연스럽게 공자의 인(仁)을 떠올린다.

트레이딩 시장은 냉정하다. 이익과 손실이 실시간으로 오가는 곳이다. 감정도, 온정도 없다. 하지만 그런 냉혹함 속에서도 나는 나로 있어야 한다. 시장이 아닌 나의 기준에 따라 판단하고, 움직여야 한다. 그렇지 않으면 어느새 시장에 휘둘리고, '나'는 사라진다. 그렇게 잃게 되는 것은 돈만이 아니라 자기 자신이다.

그래서 나는 인(仁)이라는 개념이 트레이더에게도 중요하다고 믿는다. 트레이딩은 혼자 싸우는 일이 아니다. 무수히 많은 참가자들과의 경쟁이며, 결국은 사람의 심리를 읽는 싸움이다. 공자는 사람을 사랑하라고 말했다. 트레이더에게 있어 그것은 사람의 심리에 관심을 기울이고, 그 흐름

  어제 또 돈벌었다 매매의 법칙

을 이해하려는 태도와 다르지 않다. 또한, 타인에게서 배우려는 자세 역시 인(仁)의 실천이다. 내가 모르는 영역, 내가 약한 영역을 남을 통해 배우는 겸손함. 그것이야말로 트레이딩에서 필요한 지혜다.

결국 나는 이렇게 말하고 싶다. 인(仁)이라는 개념은 단지 고리타분한 옛 유학의 이상이 아니라, 지금도 시장에서 나를 사람답게 지켜주는 가장 현실적인 기준이다. 그리고 그 기준을 붙잡고 사는 사람만이, 시장에서도 오래 살아남을 수 있다.

기준(基準)

자신이 트레이딩을 제대로 해보겠다고 다짐을 하였다면 무엇부터 해야 할까. 매매법 공부, 트레이딩 강의, 리딩방 참여, 책 읽기 등 여러 가지 방법이 있다. 그 중 사람들이 가장 혈안이 되어 찾는 것은 매매법이다.

정보의 바다에서 승률이 좋은 매매법을 가려 골라 내는 게 쉬운 일은 아니다. 매매법을 확인하는 과정에서도 많은 시간이 소요되는 것도 사실이다. 그 시간을 단축 시키기 위한 행동이 백테스팅(Backtesting)이다.

백테스팅은 트레이딩 전략에 과거의 데이터를 적용하여 수익성을 평가하는 것을 뜻한다. 쉽게 말해 매매법에 나의 시간을 소요하지 않고 매매법의 승률을 확인할 수 있다. 수많은 매매법에 대해 백테스팅을 하고 수익성이 높은, 손실이 가장 적은 매매법을 골라 내었다. 자, 이제 실전에 적용시켜보자. 그런데 어째서 백테스팅했던 결과대로 매매 결과가 나오지 않는 것일까? 백테스트팅에는 허점이 있기 때문이다.

<백테스팅의 허점>

1. 세금, 수수료, 시장 유동선 등과 같은 비용과 마찰을 완전히 설명하는 것은 불가능하다.
2. 실제 돈을 투자했을 때의 느낌을 백테스팅에서는 배울 수 없다. 백테스팅에서는 아드레날린이 없다. 실제 돈이 걸려있는 상황인 두려움, 탐욕, 의심, 공황은 백테스팅 결과에 적용되지 않는다.
3. 머피의 법칙에 따르면 당신이 사는 모든 것은 즉시 하락하고, 당신이 파는 모든 것은 즉시 상승하며, 당신이 실행하는 모든 새로운 전략은 즉시 성과를 내지 못

할 것이라고 한다. 실제로 느껴지는 이유는 심리에 대한 영향이 가장 크다.

4. 백테스팅에서 "돈을 잃었을 때의 기분"을 배울 수 없다. 돈을 잃고 느끼는 고통과 감정은 흉내 낼 수 있는 것이 아니다. 최대 고통의 순간에 도달하기 전에는 아무도 자신이 어떻게 반응할지 모른다.

5. "과신" 백테스팅에서 놀라운 기록을 세웠을 때는 세계 최고가 된 것처럼 느끼기 쉽다. 데이터, 매끄러운 그래프, 비현실적인 수익률 측정 및 놀라운 수치는 시장을 정복할 수 있는 것처럼 느끼게 하기 쉽다.

6. 백테스팅에서는 "앞으로 일어날 일"을 배울 수 없다. 『투자 대가들의 위대한 오답 노트』의 저자인 마이클 베트닉은 투자자에게 이렇게 말한다. "안타깝게도 전면테스트 같은 것은 없습니다. 모든 시장 환경은 이전과 다르므로 미래가 이전의 백테스트와는 같이 않을 것이라는 점을 투자자는 받아 들일 수 있어야 합니다."

요약하자면 백테스팅은 매매법에 대한 수익률이나 데이

터를 분석하는데 시간을 줄여주지만 심리나 앞으로 일어날 일에 대해 보장하지 못한다는 것이다. 백테스팅의 결괏값이 아무리 좋아도 심리가 트레이딩에 큰 영향을 미친다. 우리는 백테스팅의 허점을 잘 이용해야 한다. 심리가 가장 큰 문제라면 우리는 그 심리를 잘 다루면 된다.

사실 심리는 트레이딩 뿐만 아니라 일상생활에도 다루기 힘든 문제다. 하지만 트레이딩에서 만큼은 다루기 힘든 심리를 잘 나누는 방법을 알려주겠다.

우선 심리가 흔들리는 상황을 알아야 한다. 필자가 처음 매매를 시작했을 때 느꼈던 심리, 주변 지인에게 매매를 가르쳐 주면서 들려오는 심리적 문제가 일치했다. 원초적인 심리 "이게 맞나?", "제대로 하고 있는 건가?"라는 생각이 든다. 즉 매매법에 대해 그리고 자신의 행동에 대해 확신을 가지지 못하는 것이다. 당연하다고 생각한다. 누군가가 정답을 알려준 것도 아니고 설사 매매가 잘 된다 하더라도 우연인지 실력인지 가늠이 안가기 때문이다.

이 상황에서 우리가 할 최선의 행동은 로봇처럼 꾸준하

게 "똑같은 행동을 반복하는 것"이다. 이 행위가 어떻게 심리를 안정시킬 수 있는지 의문이 들 것이다.

"똑같은 행동을 반복하는 것"은 심리를 안정 시킬 수 있게 하는 직접적인 행동은 아니다. 그렇지만 필자가 말하는 "똑같은 행동"을 반복하면 분명 심리를 안정시키는 도구 중 가장 핵심적이고 중요한 도구가 될 것이다.

바로 매매법을 정한 상태에서, 한 개의 종목만 거래를 하고, 한 개의 시간대만 보고, 하루 24시간 중 트레이딩을 가장 집중할 수 있는 시간을 정해, 그 시간에만 시장에 참여하는 것이다. 이 행위를 매일 꾸준히 하루도 빠짐없이 한다면 당신만의 "기준"이 생긴다. 이 기준이 심리를 안정시키는 첫 걸음이다. 기준이 없다면 원점으로 돌아가 원초적인 심리인 "이게 맞나?", "제대로 하고 있는 건가?"라는 마음이 다시 들어 흔들리게 된다.

당신이 해야 할 일은 기준을 세우는 것이다. 다른 사람의 기준이 아닌 자신만의 기준이 필요하다. 자신만의 기준을 세우는 방법은 위에서 말한 "똑같은 행동을 반복하는 것"이다. 종목 한 가지를 선택하고 매일 본다면 그 종목의 가격 흐름이 외워진다. 당신이 매매하면서 패턴이 보이기 시작할 것이다. 같은 패턴을 만나면 이 패턴은 최대 손실을 나에게 얼마까지 줬고 얼마까지 최대 이익을 줬는지 저절로 떠오를 것이다. 거기에 더해 아시아장, 유럽장, 미국장에 따라 시장의 시간대별로 분위기도 다르다. 그래서 매일 똑같은 시간에 보는 것이 중요하다. 지속적으로 똑같은 시간에 시장을 접해서 그 시간만의 분위기에 익숙해져야 한다.

결과적으로 한 종목의 고수가 되어야 한다. 당신이 선택한 종목에서 만큼은 당신보다 더 잘 알고 있는 사람이 존재하지 않게끔. 그리고 다른 사람이 뭐라고 해도 자신만의 관점이 명확하고 그 관점을 설명할 수 있게 되어야 한다. 그 관점을 설명할 수 있게 하는 것은 자신만의 기준이 세워지고 나서이다.

필자가 종목이나 매매법, 시간대, 시장에 참여하는 시간에 대해 선정하는 팁을 주겠다. 종목 선정에서 중요한 것은 변동성이다. 변동성이 작은 종목이 아닌 하루 최소 3% 이

상의 변동성이 있는 종목을 선택해야 한다. 그리고 높은 유동성과 거래량이 있는 종목이어야 한다. 높은 유동성과 거래량이 있는 종목은 참여자가 많기 때문에 조작이 불가능하다.

그리고 매매법과 지표를 찾고 고르는데 시간을 가장 많이 할애한다. 매매법에 대해 공부하고 지식을 넓히는 행위에 대해서는 필요하다고 생각한다. 지식이 있어야 활용할 줄 알기 때문이다. 필자는 돌고 돌아 이평선과 볼린저 밴드, 추세선을 이용해 주로 매매를 한다. 결국 사람들이 많이 쓰는 지표에 정착을 한 것이다. 사람들에게 많이 쓰이는 지표를 보는 이유는 그 지표에 대해 많은 거래량과 유동성이 있기 때문이다. 차트에서 거래량과 유동성은 곧 돈이 되는 순간이다.

차트 시간대를 정하는 기준은 당신의 여건, 도파민, 인내 등을 고려해야 한다. 필자는 처음 매매했을 때 1시간대와 4시간대를 보았다. 하루종일 매매를 할 수 있는 여건이었고 단타를 할 실력도 없었기 때문이었다.

시간이 흘러 필자는 1분 차트로 매매했다. 하지만 다시 시간대를 올렸다. 1분에서 나의 도파민을 감당할 수 없었기 때문이다. 나의 약점을 파악하고 시간대를 재조정했다. 당신은 당신의 여건대로 시간대를 정해야 한다.

시장에 참여하는 시간에 대해서도 여건이 개입된다. 직장인이라면 근무 시간 동안 매매를 하지 못하고 집중도 안 되기 때문에 근무 시간에는 추천하지 않는다. 추천하는 시간은 누구에게도 간섭 받지 않고 집중할 수 있는 시간대가 좋다. 그리고 유동성이 제일 좋은 미국장이 열리기 1시간 전부터 시장의 분위기를 파악하는 것이 좋다.

그날 거래를 못해도 좋다, 거래를 했다면 더더욱 좋다. 제일 중요한 것은 똑같은 시간에 시장 참여를 꾸준히 하여 시장의 흐름, 분위기를 몸으로 체득하는 것이다.

치열한 연구와 지속적인 사유를
멈추지 마라

"유레카!" 고대 그리스어로 '발견했다!'라는 뜻이다. 유명한 일화로 아르키메데스가 목욕을 하다 밀도를 측정하는 원리를 발견해내고 유레카를 외친 일화가 있다. 아르키메데스는 단순한 우연으로 발견해낸 것이 아니다. 이와 관련된 문제에 대해 끝없는 고민 끝에 목욕하는 도중 힌트를 얻어 발견해낸 것이다. 아르키메데스가 아무 생각 없이 느긋하게 목욕만 했다면 그는 단지 목욕하고 개운한 것에 그칠 것이다.

뉴턴의 사과나무 이야기도 위의 내용을 관통한다. 이처럼 치열한 연구와 지속적인 사유를 해야 자신이 원하는 답

또는 깨달음을 얻을 수 있다. 그렇다면 트레이더가 해야 될 연구와 사유는 무엇이 있을까?

우선 자신만의 기준(뼈)과 그 기준을 뒷받침 해주는 근거(살)를 연구해야 한다. 쉽게 말해 차트를 공부하는 것이다. 필자가 차트를 처음 접했을 때는 그림처럼 보였다. 그래서 단순히 위 아니면 아래라는 기준으로 보았다. 차트를 공부하자 지지와 저항에 의해 움직인다는 것을 깨달았다. 그후 차트를 다시 보니 마치 렌즈를 낀 것처럼 지지나 저항의 모습이 눈에 띄게 되었다. 지지저항렌즈를 끼고 차트를 다시 봤을 때 결과론적으론 똑같이 위나 아래쪽으로 움직이지만 그 움직임의 원인이 보였던 것이다.

지지선(Support)과 저항선(Resistance) : 지지선은 매수세가 강하게 작용하는 구간으로, 주가가 하락하다가 멈추고 다시 상승할 가능성이 높은 가격대이다. 반면 저항선은 매도세가 강하게 작용하는 구간으로, 주가가 상승하다가 멈추고 다시 하락할 가능성이 높은 가격대이다.

지지저항렌즈 : 지지선과 저항선을 해석하는 관점이나 프레임을 뜻하는 비유적 표현으로 "시장 움직임을 지지와 저항이라는 '렌즈'를 통해 본다"는 의미이다. 다시 말해 지지선과 저항선을 중심으로 시장 참여자의 심리, 매물대, 가격 반전 가능성을 해석하는 것이다.

지지저항렌즈는 연구의 산물이다. 당신이 차트 공부에 시간과 고민을 할애한 만큼 당신의 안경은 당신에게 딱 맞는 맞춤 안경이 되어있을 것이다. 그 전까지는 안경을 맞춰가는 과정이다.

차트에는 정답이 없기 때문에 자신이 세운 기준이 정답인지 모른다. 시장이 결과로써 그 답을 알려줄 것이다. 기준이 옳지 않다면 깨져야 한다. 아니 깨지게 되어있다. 깨지고 안경을 다시 고쳐 써야 한다. 실제 안경을 고치는 방법은 안경 매장에 가서 맡기면 그만이다.

하지만 트레이더의 세계는 그렇게 호락호락하지 않다. 그렇다 사유해야 한다. 즉 피드백을 하라는 것이다. 당신이 깨진 이유가 무엇인지 회피하지 않고 정면으로 받아들이고 사유해야 한다. 잘못했다는 것을 인정하고 받아들이기란 쉽지 않지만 그렇게 하지 않으면 발전은 커녕 도태되는 지름길이다.

연구(차트공부)를 많이 하다 보면 많은 보조지표를 접한다. 보조지표란 주가의 과거 움직임을 수학적 방식으로 계산하여 추세, 모멘텀, 변동성, 시장강도 등을 측정하기 위해서 만든 기초 지표이다. 보조지표는 크게 추세지표, 모멘텀지표, 변동성 지표, 시장강도 지표가 있다.

- **추세지표** : 추세의 진행 방향을 알려주는 지표이며 대표적인 추세지표는 이동평균선, MACD 등이 있다.
- **모멘텀지표** : 현재 가격과 일정 기간 이전의 가격 차이나 비율을 나타내는 지표로 현재 추세의 속도를 측정해 주는 지표로, RSI, 스토캐스틱 등이 있다.
- **변동성지표** : 현재 가격 방향이 아닌 가격 변동성의 기준을 시각화 한 지표이며 시장 상황을 파악하기 쉽게 도와주는 지표로, 볼린저밴드 등이 있다.
- **시장강도지표** : 시장 전체의 추세가 어느 정도 강한지 측정하는 지표로 DMI, ADX 등이 있다.

이중 단연코 중요한 지표는 추세지표이다. 우리는 '추세의 방향대로 거래를 하라', '추세와 대항하지 말라' 혹은 '추세는 당신의 친구이다'라는 말을 자주 듣는다. 이러한 말들은 추세 파악이야말로 친구처럼 늘 곁에 두고 가까이함으로써 추세의 흐름을 정확히 판별하여야 한다는 의미이다. 추세는 시장의 방향을 알려주는 것이기 때문에 시장의 기준을 잡는 데 있어 핵심적인 역할이다. 그 기준에 근거(추세지표 외 보조지표)를 덧대어 자신만의 렌즈를 만들어 가는 것이다.

이러한 점에 주의를 하자면 너무 많은 기준(보조지표)은 당신의 기존 기준을 모호하게 만들 수 있다. 그 많고 많은 보조지표 중 어떤 보조지표를 쓸 것인지, 그 보조지표의 값을 어떤 값으로 설정할 것인지, 보조지표 조합을 어떻게 해볼 것인지 등 경우의 수가 헤아릴 수 없을 정도로 많다. 이 많은 경우의 수를 늘리고 줄이는 것은 결국 사유하는 것이다.

앞서 강조하는 바는 잠깐 하고 마는 사유가 아닌 지속적인 사유이다. 밥 먹을 때, 길을 걸을 때, 샤워 할 때 심지어 잠 자기 전까지 지속적인 사유가 필요하다. 이렇게 몰두하여 사유하다 보면 갖가지 방법이 떠오른다. 터무니 없는 방법이 떠오를 수도 있다. 그럴 때 단지 생각만 하는 것이 아닌 그 터무니 없는 방법을 시도해 봐야 한다. 직접 해봐야 떠오른 방법이 터무니 없는지, 기발한 방법인지 알 수 있다.

필자는 차트에서의 연구란 언어 공부, 사유를 글자 공부의 토대로 조합하는 것이라고 생각한다. 당신이 ㄱ, ㄴ, ㄷ을 연구하고 사유하여 부족하다면 ㅏ, ㅑ, ㅓ를 연구하고 사유하여 단어를 만들어 자신만의 언어를 구축해 나가보는 것이다. 당신의 연구가 ㅏ, ㅑ, ㅓ가 아닌 a, b, c가 될 수

도 있지만 뭐 어떤가 알파벳은 알파벳 나름대로 해석하기 나름이다. 요는 당신이 어떻게 조합하고 어떻게 받아들이는가에 다르다.

치열한 연구와 지속적인 사유 그리고 실천력이 뒷받침되어 이러한 과정을 반복해 가다보면 자신에게 딱 맞는 렌즈, 즉 자신만의 매매가 완성되어가는 것이다.

피드백, 자신만의 규칙을
지키는 것으로부터 시작된다

모든 트레이더들은 규칙이 있다. 그리고 이 규칙은 크게 두 가지 자신만의 규칙(심법)과 매매 규칙(기법)으로 나눌 수 있다.

자신만의 규칙은 차트의 분석과 별개로 자신이 세워가고 다루는 규칙이다. 매매를 하며 자신의 상태를 파악하여 거기에 맞는 규칙을 세우는 것이다. 자신만의 규칙은 심리를 다루는 규칙이 주를 이룬다. 기다림, 초조함, 근거 없는 확신, 욕심, 탐욕 등 자신이 통제가 되지 않을 때 자신만의 규칙을 세우고, 또 그것을 지킴으로서 자신의 심리를 다루는 것이다.

필자의 자신만의 규칙을 예를 들면 손절이 두 번 나거나
손해를 복구했을 때는 매매를 종료 한다든지, 자신이 원하
는 자리까지 진입하지 않고 기다린다든지, 목표 수익이 나
면 차트는 더 이상 보지 않기 등이 있다. 이 자신만의 규칙
은 손실을 입는 경험으로부터 확립된다.

미국 장이 열리고 얼마 지나지 않아 필자는 하락장에서
손질을 두 번이나 했다. 필자는 손실을 복구해야 한다는 생
각에 초조해지고 시야가 좁아져 성급히 진입을 했다. 진입
한 자리가 좋지 않은 걸까, 금방 예상하는 대로 차트가 움직
이진 않았다. 필자도 성급하게 들어간 것을 인정하고 세 번
째 손절을 하고 손실을 보며 씁쓸하게 나왔다. 참 웃기게도
손실을 보며 나오자마자 예상한 대로 차트가 움직였다.

여기서, 필자가 패배를 인정하고 매매를 종료했을까?
당연하게도 그렇지 않다. 필자도 사람이다. 분을 못 이겨 재
진입, 추가 진입, 분노에 사로잡혀 오기를 부렸다. 다행히도
차트는 예상대로 움직였다.
그렇지만 초조함, 성급함, 분노에 사로잡힌 진입 자리는

자신을 더 불안하게 만들고 확신을 가지기 어려워 수익이
조금만 나도 청산해버렸던 것이다.

심리 상태가 불안한 매매는 안 하니만 못하다. 똑같은
사람으로서 초조하고 성급해지고 화나는 것은 당연하다. 그
당연한 것을 자신만의 규칙으로 통제하는 것이다. 필자는
두 번의 손절이 나오면 심리 상태가 불안해져 매매를 종료
하기로 자신만의 규칙을 세운 것이다.

이처럼 자신만의 규칙은 손실로부터 확립된다. 그래서
대부분 성공한 트레이더들이 하나같이 했던 경험이 '깡통
찼다'이다. 필자는 얘기는 당신이 깡통을 차야 트레이더로
서 성공할 수 있다는 것이 아니다. 단지 손실을 통해 당신
의 문제점을 직시하고 그 문제에 대한 자신만의 규칙을 세
워나가고 지켜야 한다는 얘기이다. 당신이 자신만의 규칙을
철저히 지켰음에도 불구하고 손실이 났다면 이제서야 매매

심법(心法) : 마음을 다스리는 방법. 트레이더들에게 심법은 감정에 휘둘리지
않고 매매원칙을 지키는 정신자세라고 할 수 있다.

Syndicat Mixte Interrégional
d'Aménagement
SYMADREM
des Digues du Delta
du Rhône et de la Mer

DANGER

OUVRAGE DE PROTECTION
CONTRE LES SUBMERSIONS MARINES
ACCES INTERDIT
DIKE OF PROTECTION
AGAINST SEA FLOODS
NO ACCESS

규칙을 논할 수 있는 것이다.

　매매 규칙은 매매 과정, 결과, 데이터에 따라 규칙을 세우는 것이다. 매매 규칙은 자신만의 규칙과는 다르게 손실로만 규칙이 확립되는 것은 아니다. 수익은 당신의 차트 분석이 맞았다는 증거다. 이 증거를 데이터 삼아 당신의 매매법을 완성시키는 것이다. 반대로 손실이 난다면 당신의 매매법을 보완 혹은 다른 매매법의 가능성을 열어주는 것이다. 이것이 피드백이다.

　트레이더는 결국 위, 아래 확률을 맞추는 직업이다. 그렇다면 확률이 더 높은 쪽에 배팅을 해야 되지 않겠나? 확률을 높여주고 그것을 가능하게 하는 것이 차트 분석이고, 차트 분석의 확률을 더 높여주고 단단하게 받쳐주는 행위가 피드백이다. 많은 사람들은 기법을 공부하고 분석하는데 몰두한다. 자신의 심법을 다스리지 못하고 기법에만 몰두한다면 제자리 걸음일 것이라고 확신한다. 기법에 대한 데이터를 쌓는 방법은, 자신만의 타점을 잡아 일정한 자리에서 계속 진입하여 데이터를 쌓아 나가야 하는 것이다.

하지만 심법이 다듬어지지 않은 상태에서는 자신의 기법을 신뢰하지 못하여 낮은 신뢰도로 정확한 데이터가 쌓이지 않는다. 신뢰받지 못한 데이터가 쌓여 불안한 기법이 당신의 심리를 건들여 악순환이 반복된다. 결국 이러한 악순환이 당신의 최종적인 매매 성과에 큰 영향을 미치게 된다. 심법이 다듬어지지 않았기 때문에 올바른 기법도 확립되지 못하는 것이다. 그렇기 때문에 피드백은 자신만의 규칙인 '심법'이 선행되어야 기법을 피드백할 수 있고, 더 나

아가 기법에 대한 매매 규칙까지 세울 수 있는 것이다. 다스리지 못한 심법은 기법에 대한 피드백의 불순물이다.

기법을 공부한 1년 차, 5년 차, 10년 차 트레이더들을 모아 매매를 시켰다. 당연히 연수가 오래 된 트레이더들이 수익률과 손실률의 비율이 가장 좋았다. 모든 트레이더들의 타점은 거의 비슷했다. 그렇다면 어디서 차이가 난 것일까? 결정적인 차이는 마음과 심리를 다루는 행위, 심법에서 차이가 났다.

결국 트레이더는 기법 이전에 심법을 다룰 줄 알아야 한다. 심법이 선행되어야 기법을 발전, 보완, 피드백할 수 있다. 이 심법을 잘 다스리는 방법은 자신만의 규칙을 세워 지켜나가는 것이다. 이렇게 함으로서 당신이 계획하고 확신하는 매매를 온전히 실행할 수 있다.

성격이란

디즈니의 픽사에서 나온 <인사이드 아웃>이라는 영화를 본적이 있는가? 이 영화는 한 소녀의 마음 속에서 5개의 의인화된 감정들이 감정을 리드하며 소녀의 성장기를 다룬 이야기이다. 총 2부작으로 1기에서는 기쁜 감정의 의인화 "기쁨이"가 기쁜 감정에서 나오는 기쁜 기억 외에 다른 감정의 기억들은 소녀에게 도움 되지 않는다고 생각하여 외면하거나 피한다. 그러나 인생을 살면서 기쁜 감정, 기억만 가지고 살 수는 없다. 슬픈 감정, 기억도 받아들여야 한다는 것을 깨달은 기쁨이와 나머지 감정들은 소녀와 함께 성장하는 이야기이다.

성격이 까칠하다는 둥 소심하다는 둥 성격을 단순하게 만 표현할 수 있을까? 성격이 완전히 똑같은 사람이 존재할 까? 도대체 성격이란 무엇일까? 성격은 유전적으로 형성되 기도 하지만 후천적으로도 형성되어 간다. 가족과 있을 때, 친구와 있을 때, 직장에 있을 때 각기 다른 상황들의 성격은 제각각 다른 양상을 띈다. 상황에 따라 발현되는, 두각을 나 타내는 성격이 제각각 다르다는 것이다.

살아오면서 형성된 많은 성격 중 평소 나의 모습을 나타 내고 대표하는 성격이 있을 것이다. 그 성격은 긍정적인 성 격일 수도 있고 예민한 성격일 수도 있다. 대표하는 성격이 긍정적인 성격이라고 해서 그 사람이 부정적인 성격이 없 다는 것은 아니다. 다만 부정적인 성격이 차지하는 크기가 긍정적인 성격에 비해 작은 것이다. 살아오면서 형성된 많 은 성격은 나에게 잠재되어 있고 나를 나타내는 성격의 크 기가 제각각 다른 것이다.

성격은 상황과 감정에 따라 크기가 변한다. 앞서 말한 가족, 친구, 직장이라는 상황에서 잠재되어 있는 성격들의 크기는 상황에 맞게 작아졌다, 커졌다 할 것이다. 생각 해보아라 집에서 가족과 얘기하는 모습과 친구와 얘기하는 모습의 차이를 또한 직장에서 나의 모습은 제각각 다를 것이다. 또한 승진을 하거나, 기분 나쁜 일이 생기면 감정에 따라 행하는 행동이나 생각이 평소와 달라질 것이다. 이처럼 성격은 상황과 감정에 따라 변한다. 감정과 상황에 따라 성격이 바뀐다면 도대체 나의 성격은 뭐고, 어떤 상태일 때 나의 성격일시 혼란스러울 수 있다.

하지만 가족, 친구 그리고 직장 생활에서 보여주고 나타나는 제각각 다른 성격들은 모두 당신의 성격이다. 단지 처해있는 상황에서 각각의 성격의 크기가 커졌다, 작아졌다 하는 것이다. 살면서 자신의 성격이 어떤지 아는 것은 굉장히 중요하고 살아 가는데에 있어 발전적인 삶을 유도한다.

필자는 분석을 중시하는 성격이다. 논리정연하고, 논쟁을 좋아한다. 또 수용을 잘하고 고집이 세다. 이와 같은 성격은 이야기가 잘 통하는 사람과는 코드가 잘 맞아 시간 가는 줄 모르고 얘기를 할 수 있지만 논쟁을 싫어하거나 꺼려

하는 사람과의 대화는 코드가 맞지 않아 나의 논쟁을 좋아하는 성격의 크기를 의도적으로 작아지게 함으로써 그 사람과의 관계를 적절하게 유지할 수 있다.

또한 고집이 무지 센 필자는 논리정연하게 설명을 해주지 않거나 설득이 안된다면 고집을 꺽지 않는 편이다. 논리정연하게 설명하고 설득을 하였는데 고집을 꺽지 않는 추한 사람은 분명히 있다. 필자는 고집이 센 것을 알고 추한 사람이 되지 않기 위해 고집의 센 성격의 크기를 작아지게 하고 수용하는 성격을 커지게 하는 것이다.

상황에 맞게, 내가 더 나은 사람이 되기 위해 현재 발현되고 있는 긍정적 영향을 끼치는 성격을 극대화하고 부정적 영향을 끼치는 성격을 보안 하거나 최소화할 필요가 있다. 성격을 극대화하거나 최소화하는 행위는 자신의 성격을 앎으로부터 시작된다. 이렇게 나의 성격을 앎으로서 상황에 맞게 각각의 성격의 크기를 알맞게 조절하는 노력을 할 수 있다. 트레이더가 성격을 애기하는 이유는 여기에 있다. 당신의 평소 성격이 참을 성이 있는 사람이라고 해서 트레이딩에서 참을성이 있는 사람이 된다는 것은 아니라는 것이

   어제 또 돈벌었다 매매의 법칙

다. 상황에 따라 당신의 성격은 언제든지 변할 수 있다. 참을성 있는 성격의 크기가 작아지고, 참을성 없는 성격의 크기가 커질 수 있다는 것이다.

더군다나 상황만 바뀌었다면 모를까, 트레이딩은 감정의 요동이 심한 행위 중 하나이다. 가뜩이나 상황이 바뀌어 트레이딩하는데에 있어 장점의 성격인 "참을성 있는" 성격이 작아져 있는 와중 감정이 더해져 "참을성이 없는" 성격이 커질 뿐만 아니라 "충동적인 성격"도 같이 커질 수도 있다. 상황과 감정이 동시에 영향을 끼치는 트레이딩을 할 때 당신의 성격이 어떻게 형성되고 크기가 변하는지 알아야 한다.

트레이딩을 할 때 당신을 대표하는 성격이 무엇인지, 유리한 성격은 뭐가 있는지, 불리하게 작용하는 성격이 있는지 알고 장점을 극대화하고 단점을 보완하거나 최소화하여야 한다. 필자는 분석적 사고와 논리적인 전개를 좋아하고 또 잘하는 편이기 때문에, 이는 트레이딩에 있어 하나의 장점이라고 생각한다.

나는 고집이 세 내가 선택한 것을 꺾지 않는 경향이 있다. "고집이 있다"와 "자기 확신이 있다"는 것은 다른 것이기에 잘 구분을 하여 판단하여 트레이딩을 진행한다. 자기 확신은 내가 설계하고 생각한 바를 의심 없이 행할 수 있는 장점이 있다. 필자의 고집도 결국 맞다고 생각한 것을 고집한 것이기 때문에 결은 비슷하지만 알맹이는 다른 성격을 극대화하는 것이다. 자기 확신도 독이 될 수 있음을 인지해야 한다. 분석과 예상이 틀리고 있음에도 자기 확신이 강해 큰 대가를 치른 적이 있다.

이렇게 트레이딩 안에서 수익이 나고 있을 때, 손해가 나고 있을 때, 원하는 타이밍을 기다리고 있을 때 등 각각의 상황과 느껴지는 감정이 너무 많다. 그때마다 필자는 지금 나의 성격(상태)이 어떤지 되뇌며 상황과 감정에 맞게 대처한다. 당신이 트레이딩을 할 때의 성격을 생각 해보며, 그 성격을 어떻게 극대화할지, 보완하거나 최소화할지부터 시작이다.

이길 수밖에 없는 상대를 골라라

상대와 좋은 관계를 맺으려면, 먼저 그 사람을 관찰해야 한다. 종목도 마찬가지다. 차트를 들여다보면 조금씩 기질이 드러난다. 필자는 이 제각각의 기질 속에서 어떤 상대를 골라야 하는지, 무슨 상대를 선택해야 "이길 수밖에 없는지"에 대해 설명하고자 한다. 이제 그 기질을 하나씩 이야기해보려 한다.

시장에는 성격이 있다. 움직임이 빠르고 직선적인 종목이 있는가 하면, 되돌림이 많고 천천히 가는 종목도 있다. 사람마다 성격이 다른 것처럼, 차트에도 기질이 있다. 내가 매일 마주하는 종목은 크게 네 부류다. 지수, 통화, 금속, 에너지.

지수는 전체적인 방향성이 뚜렷한 편이다. 나스닥은 직진성이 강하다. 이건 단순한 차트 성향이 아니라 구조적인 이유가 있다.

나스닥100에 포함된 기업들은 대부분 기술주 중심의 성장주고, 그 주식을 가장 많이 보유한 주체는 기업 자체다. 즉, 기업이 주가 상승을 선호하고 시장도 상승을 기본 전제로 돌아간다. 그래서 되돌림보다 급격한 추세가 자주 나타난다. 흐름을 잘 타면 빠르게 수익이 나지만, 반대로 방향이 틀리면 회복 없이 손실이 누적된다.

항셍은 다르다. 상대적으로 천천히 움직인다. 거래량은 적지만 되돌림이 잦고, 패턴이 일정하다. 그래서 여유롭게 대응할 수 있다. 판단이 늦더라도 회복할 수 있는 여지가 생긴다. 같은 지수 안에서도 이렇게 다르다.

금속은 특히 금과 은이 대표적이다. 금은 시장이 불안할 때 빛을 발하는 자산이다. 중앙은행과 국가들이 직접 보유

시장마다 기질이 다르다

지수	통화	금속	에너지
나스닥	유로달러	금	크루드 오일
항셍	달러엔	은	천연가스

하고 있기 때문에 가격이 급등락하는 걸 원치 않는다. 일정한 범위 안에서 움직이도록 유도한다. 그래서 급격한 추세보다는, 일정 구간에서 오르내리는 되돌림이 많다. 흐름을 익히면 안정적인 매매가 가능하다. 반면 은은 산업 수요에 따라 움직임이 더 크고 변동성도 높다.

에너지는 대표적으로 크루드 오일과 천연가스가 있다. 이 시장은 움직임이 매우 크고 변동성이 높다. 하지만 그것도 일관된 흐름 안에 있다면 읽을 수 있다. 크루드 오일은 '원자재'라는 속성상 강한 파동이 나오더라도 되돌림을 주는 경향이 있다. 정교한 매매를 좋아하는 사람에겐 나쁘지 않은 시장이다.

메이저 통화(Major currency pairs)

통화쌍	국가	통화쌍과 별명
EUR/USD	Eurozone / United State	Fiber
GBP/USD	United Kingdom / United States	Cable
USD/JPY	United States / Japan	Ninja
USD/CHF	United States / Switzerland	Swissy
USD/CAD	United States / Canada	Loonie
AUD/USD	Australia / United States	Aussie
NZD/USD	New Zealand / United States	Kiwi

통화는 구조가 아예 다르다. 전 세계가 동시에 거래에 참여하는 시장이다. 거래량이 압도적으로 많기 때문에 조작이 거의 불가능하다. 그래서 차트가 가장 '정직하다'. 분석이 그대로 반영되고, 예측이 누적될수록 신뢰가 생긴다. 특히 미국 달러를 중심으로 한 메이저 통화쌍들은 유동성이 풍부해 리스크를 줄이는 데도 효과적이다.

중요한 것은 이 모든 시장을 다 매매할 필요는 없다는 것이다. 오히려 그건 감각을 흐릴 뿐이다. 필자는 한 종목에 집중해 그 흐름을 익히는 편이 더 낫다고 생각한다. 추세의 생김새, 되돌림의 타이밍, 뉴스에 대한 민감도, 그리고 내가 흔들리는 지점까지. 수많은 차트를 본다고 해서 느껴지는 게 아니다. 나에게 맞는 차트, 그리고 오래 지켜본 차트만이 길을 보여 줄 것이다.

그래서 필자가 초보자에게 종목을 고를 때의 세 가지 기준을 알려주자면, 첫째, 집중할 수 있는 시간대에 거래량이

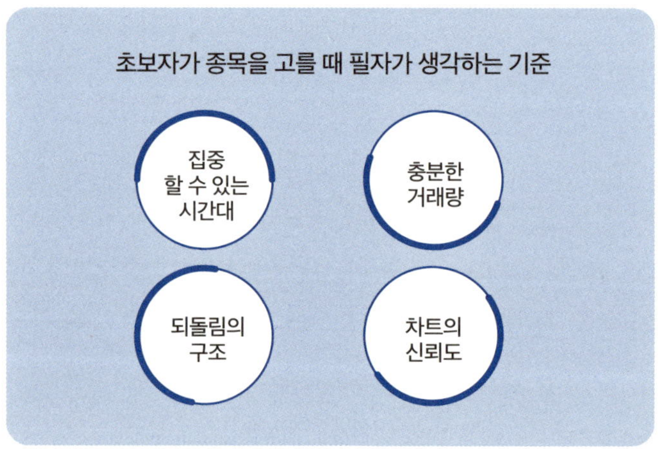

충분해야 한다. 내가 매매하는 시간이 시장이 살아 있는 시간이어야 한다. 변동성은 곧 돈이다.

둘째, 되돌림의 구조가 있어야 한다. 실수했을 때 복구할 틈 없이 밀려버리는 종목은 초보자에게 치명적이다. 되돌림은 기회를 주고, 여유를 준다.

마지막 기준은 차트의 신뢰도다. 거래량이 많다는 점에서 앞서 언급한 기준과 닮아 있지만, 결은 다르다. 조작이 불가능할 만큼 압도적인 거래량이 뒷받침되어야 차트가 신뢰를 얻는다. 평균적으로 거래량이 충분하다면, 차트는 정직하게 움직인다. 정직한 차트는 분석이 잘 통한다. 반대로 분석이 통하지 않는 차트에서의 매매는 분석이 아니라 도박일 뿐이다.

결국 시장은 싸움이다. 싸움에서 이기고 싶다면, 먼저 이길 수 있는 상대부터 골라야 한다. 그것이 전략의 시작이자 생존의 전제다.

트레이더란 어떻게 공부해야 하는가

과거 트레이더의 길을 걷겠다고 다짐했다. 열심히 공부를 해보겠다고 책상에 앉았지만 뭐부터 해야 할지 모르겠고, 유튜브를 보면 전부다 사기꾼 같고 돈을 내고 수업을 받기에는 돈이 아깝기도 하고 신뢰가 가지 않았다. 그렇다고 책을 읽으면서 공부하기에는 인터넷이라는 세상의 정보가 더 많기 때문에 책을 선뜻 손에 들지는 않았다.

많은 초보 트레이더, 이제 막 시작하려는 트레이더 꿈나무, 아니면 작게나마 투자를 시작해볼까 하는 많은 사람들이 직면하는 고민인 것 같다. 공무원을 준비하는 사람들은 앉아서 책을 펴면 되고 스포츠를 하는 사람들은 운동을 미친 듯이 하면 된다.

하지만 트레이더는 이렇다 할 교과서도 있지 않고, 무엇을 공부해야 할지도, 만약 공부를 한다고 하더라도 이게 맞는 방법인지 당최 알 수가 없다. 혹여 잘못된 방법으로 공부한다면 잘못된 방향으로 가지는 않을까, 시간을 낭비하지는 않을까 걱정이 돼 트레이딩 공부를 하기 두려웠고 시작조차 망설였다. 이런 감정을 극히 공감하여 트레이딩 공부에 대해 시작점에 서 있는 사람들에게 도움이 되었으면 함에 필자의 트레이딩 공부법을 알려 주려 한다.

일단 필자의 성격은 다른 사람을 잘 믿지 않았다. 오로지 자신만 믿었다. 언뜻 보면 장점인 것 같지만 단점이 명확했다. 다른 사람의 가르침을 듣지 않으려 했다. 유튜브에는 많은 정보들이 있고 물론 맞지 않는 정보들도 많고 반대로 맞는 정보도 많다. 필자는 이 모든 정보를 차단했고 듣지 않으려 했다.

　당시 필자의 매매법은 시간을 이용한 매매였다. 화요일 15시 다음의 차트의 방향을 맞춰야 했다면 필자는 아무 지표, 지식도 없었기 때문에 과거 차트를 보는 것 밖에 없었다. 단순히 어제의 화요일 15시 다음의 캔들 16시를 본다. 양봉이다. 어제만으로는 미덥지 않다. 엊그제의 16시도 본다. 그렇게 일주일, 한 달, 일 년을 분석한다. "양봉의 승률이 더 높군"하며 노트에 필기 후 양봉에 배팅을 한다. 그런데 실제 차트는 음봉으로 나온다.

　　　　　　　　　　　어제 또 돈벌었다 매매의 법칙

여기서 필자는 포기하지 않고 더 집요하게 차트를 분석한다. 16시 전에 나온 캔들은 어떤 캔들이지?, 15시에 양봉이 나왔다면 16시에 양봉이 또 나오나? 아니면 음봉이 나올 확률이 높은가? 이런 식으로 접근해 또다시 일 년 치를 분석을 한다.

화요일 16시에만 매매를 하는 것이 아니다. 화요일 17시, 18시, 19시. 23시간 돌아가는 시장이기 때문에 23시간을 하니하니 다 분석한다. 또한 화요일만 있는 것이 아니다. 월, 화, 수, 목, 금. 일주일 중 주말을 뺀 5일을 하나 하나 다 분석했다. 분석하다 보니 캔들의 모양이 보이고, 패턴이 보이고, 규칙성이 보였다.

미친 듯이 하루 종일 차트만 보고 또 보고 패턴 분석하고 통계를 냈다. 손실이 나면 이유를 못 찾더라도 찾으려는 시도를 하고, 대처 방법을 나름 세워 본다. 이렇게 차트에 미친 지 3개월째 되는 달에 월 1억을 달성했다. 유튜브를 보지도 않고, 정보를 차단한 상태에서의 성과였다. 이런 식으로 매매가 8개월쯤 이어갔을 때 8억을 잃었다. 욕심도 욕심이지만 본능적으로 알고 있었다. 정보가 필요하다는 것을.

그렇게 필자는 유튜브를 켜 다른 사람의 매매법이나, 지표를 공부하고 참고하기 시작했다.

하지만 필자의 성격대로 처음부터 다 받아들이진 못했다. 그럼에도 발전이 필요하다는 것을 몸으로 느끼고 있었기 때문에 속는 셈치고 지표나 매매법을 적용시켜봤다. 역시나 잘 맞지 않았다. 사실 안 맞은게 아니고 색안경을 끼고 매매법을 쓸 필요가 없는 이유를 찾고 있었던 것이었다. 이런 알량한 자존심을 다 버리고 수용하는 자세로 지표나 매매법을 참고해, 다시 과거의 차트를 시간 단위로 정말 꼼꼼하게 분석했다. 그러자 취할 부분은 취하고 맞지 않는 부분은 버리고 나의 매매법과 결합 되어 새롭게 나의 기준이 생기며 매매의 장단점이 보완이 되는게 아니던가. 이 때부터 깨달았다.

매매법은 무수히 많고 지표도 무수히 많다. 그냥 지나치지 말고 집요한 분석을 통해 매매법이 통하는지, 지표가 쓸 만한지, 나에게 잘 맞는 방법인지 확인해야 한다. 언뜻 봐서는 절대 모른다. 분석을 통해 좋은 점은 극대화시키고, 부족한 점은 보완하는 방식으로 매매법을 완성시켜 나가는 것이다.

　지금부터 소개할 매매법은 나의 첫 번째 매매법이 어떤 과정을 거쳐 지금의 매매법으로 완성되어 가고 있는지 구체적으로 설명할 것이다. 이 매매법을 따라 해도 괜찮고 변형해서 본인의 입맛대로 바꾸어도 상관없다. 단지 매매법이 어떻게 진화해 나가고, 수익이 극대화되고, 손실이 매꿔지는 과정을 보여주려 한다.

수많은 매매법과 지표들.

집요한 분석을 통해 어떻게 매매해야하는지,

지표가 쓸만한지, 나에게 잘 맞는지 확인하고

나만의 매매법을 완성해야 한다.

A Beginner's Mannual for Trading

2장

초심자를 위한 트레이딩 입문 매뉴얼

우리의 최종 목적은

돈을 지키면서 불려 나가는 것이다.

이를 위해 가장 먼저 해야 할 일은

매매법을 찾는 것 보다

자본금의 운용을 계획하는 것이다.

여기서는 필자가 실전에서 사용하는

자본금 액수설정과 손실금액 설정,

더 큰 수익을 내기 위한 방법을 소개한다.

매매법 보다 자본 운용이 먼저다

당신은 무엇을 위해 트레이딩을 하는가? 트레이딩을 하는 모든 사람들의 목적은 같다. 돈을 버는 것. 소문을 듣고 뉴스를 보고 시장을 분석하며 나름의 이유로 매매를 이어나간다. 그 중 많은 사람들은 매매법에 대한 갈망이 가장 크다.

우리는 "매매법만 좋다면… 매매법만 확실하다면 돈은 쉽게 벌 수 있어"하며 매매법에만 목을 맨다. 매매법이 확실하다면 돈이 우상향하는 것도 맞는 사실이다. 하지만 생각해보자 우리의 최종 목적은 시장의 위 아래를 맞추는 행위가 아닌 돈을 지키면서 불려 나가는 행위이다. 이 목적을 잊지 말아야 한다.

다시 질문을 던지겠다. 당신이 트레이딩을 하기 위해 가장 먼저 해야 할 것은 무엇인가?

우리는 돈을 지키고 불려나가야 하는 입장이므로, 매매법에만 목매는 것을 뒤로하고 해야 할 일은 자본금 운용이다. 역설적이게 자본금을 운용할 계획도 능력도 없는데 돈을 막연히 불리고 싶어 하는 것이 많은 사람들의 현실이다.

수익과 손실이 반복되는 상황에서 내가 얼마나 벌고, 얼마나 잃은 것인지, 몇의 비중으로 진입을 할 것이고, 한 달에 최소 얼마 벌고 싶은지 계획이 되어야 비로소 돈을 지키고 불려 나갈 준비가 되는 것이다.

SET Tra

276.84 | PREVIOUS | Key
| CHANGE
1,292.81
879.72 | -15.97
1,925.37 | -14.49
1,067.20 | -29.35
359.21 | -16.76
1,474.72 | -0.35
1,695.79 | -26.59
1,916.51 | -13.47
1,527.49 | -1.38
1,741.50 | -22.73
2,125.65 | -10.98
369.61 | -6.39
200.02 | -4.01
10,467.98 | +0.80
122.24 | -129.89
635.62 | -0.04

1. 자본금의 액수 설정

자본금 운영의 핵심은 자본금 액수다. 자본금의 액수에 따라 비중이 정해지고 비중은 곧 심리와 연관되기 때문에 중요할 수밖에 없다. 심리가 안정되지 않으면 매매법에 영향을 끼치고 계좌는 우하향하게 되는 것이다. 고로 심리적으로 매매법에 영향을 끼치지 않을 비중, 그에 맞는 자본금의 액수를 설정해야 한다.

자본금의 액수를 정하는 방법은 생각보다 쉽다. 우선 총자본금의 10%를 최대 손실 금액으로 잡고 손실 금액의 액수를 정하는 것이다. 예를 들어 최대 손실 금액이 500USD라고 설정했다면 자본금의 총액수를 5,000USD로 설정하는 것이다. 만약 500USD가 아닌 1,000USD라면 자본금의 총액수는 10,000USD이다.

여기서 중요한 점은 10%의 금액을 정할 때 나의 감정과 생활에 타격이 없어야 하는 금액이어야 한다. 최대 손실 금액을 10%로 하는 이유는 손실 비율이 커질수록 복구해야

할 수익률이 커지기 때문이다. 10%가 손실 났다면 복구해
야 할 수익률은 11%다.

　자 1,000USD가 있다고 가정 해보자 10%가 손실이
나서 잘라 내었다. 계좌의 남은 돈은 900USD. 원금인
1,000USD로 다시 복구하기 위해선 11.1%인 99.9USD를
벌어야 한다. 하지만 손실 비율이 10%가 아닌 20%라면?
복구해야 하는 비율은 25%이다. 30%는 43%를, 50%는 무
려 100%를 복구해야 원금을 회복할 수 있다.

　그러니 손실 비율 10%에서 끊어내고 다시 시작하는 것
이 현명한 선택이다. 손실이 나는 것은 확실히 계좌에 타격
이다. 하지만 이 시장에 도전장을 내미는 티켓이 없는 것이
더 타격이 크다.

자본 운용(資本運用) : 보유한 자금을 효율적으로 배분하고 활용해 수익을 창
출하는 활동을 말한다. 자본의 운용 방식에 따라 기업의 미래가 달라지듯, 개
인 역시 자신이 가진 자금을 어떻게 나누고, 어디에 쓰며, 어떤 방식으로 굴리
고 불려나갈 것인지에 대한 전략을 세워야 한다. 그리고 그 전략은 실행되어
야만 의미가 있다.

2. 손실 금액 설정

총 자본금의 액수를 설정했다면 이제 비중을 설정해야한다. 비중을 설정하는 방법은 자본금을 설정하는 방법과 비슷하다. 자본금을 설정하는 방법은 계좌의 최대 손실 금액으로 정했지만 비중을 설정하는 방법은 한 계약의 진입 손실 금액으로 정하는 것이다.

예를 들어 1,000USD로 손익비 매매를 한다고 가정을 해보자. 손익비가 3:1일 때 수익이 난다면 3의 수익을, 손실이 난다면 1의 손실을 보게 된다. 이때 1의 손실 금액을 정하는 것이다. 1의 손실을 금액을 1,000USD의 1%인 10USD로 설정한다면 진입 비중은 1%이다. 손익비가 3:1이라고 했을 때 수익은 30USD 손실은 10USD가 되는 것이다.

필자는 초보자에게 1~2%의 비중을 권한다. 만약 비중을 올리더라도 10% 이상을 올리는 것은 추천하지 않는다. 이제 자본금과 비중에 대한 설정이 끝났다.

지금부터 우리가 해야 할 것은 설정한 값으로 매매법과 조화롭게 운용해야 한다. 필자가 실제로 사용하고 있는 자본 운용 방법을 알려주겠다.

　먼저 위에 말한 것처럼 손익비의 손실을 금액으로 고정한다. 하지만 많은 사람들은 이러한 방법을 쓰지 않는다. 일정한 비중 또는 수익이 났을 때 벌리는 금액을 보고 비중을 설정한다. 필자처럼 손익비의 손실 금액을 고정한다면 기계적으로 계좌를 우상향 시킬 수 있다 어떤 상황이든 고정된 금액만 잃는 것이다. 필자는 손익비를 최소 4:1로 유지한다. 손익비가 4:1일 때 10번 진입해서 3번만 성공해도 돈을 번다. 4의 수익을 3번 1의 손실을 7번. 12-7=5 5의 수익을 얻게 된다.

　만약 총 자본금이 5,000USD라고 한다면 5,000USD의 2%는 100USD이다. 그러면 손익비를 최소 4:1로 가져갔을 때 수익은 400USD 손실은 100USD가 된다. 10번의 거래를 하고 3번의 성공을 한다면 위의 계산과 같이 5의 수익인 500USD를 버는 것이다. 총 자본금은 5,500USD가 되었다. 여기까지가 자본금과 비중에 대한 설정이다.

3. 더 큰 수익을 위해서

하지만 필자는 더 나아가 매매법과 자본금 운용을 발전시켜 엄청난 속도로 돈을 불린다. 방금의 매매로 총 자본금이 5,500USD가 되었다. 총 수익금은 500USD. 이 수익금으로 자본금 운용을 시작한다. 처음 매매의 고정 손실은 5,000USD의 2%인 100USD. 방금 벌어들인 수익금인 500USD를 고정 손실로 설정한다.

그러니까 500USD를 벌고 500USD를 배팅하는 것이다. 500USD 배팅을 실패한다면 원금으로 돌아간다. 기회는 1번이지만 성공의 리턴 값이 훨씬 크다. 성공하면 2,000USD, 실패하면 원금이다. 만약 배팅이 실패한다면 원금으로 다시 2%의 비중 배팅하면 된다. 안전하게 2%씩 굴려 리턴 값이 큰 배팅을 할 수 있는 금액을 마련하는 것이다. 이 5,000USD는 마치 여왕 개미처럼 꾸준히 알을 낳는 것이다. 알이란 배팅할 수 있는 총알이라고 생각하면 된다.

다시 자본금 운용으로 돌아와 리턴 값이 큰 배팅을 성공했다고 가정해 보자. 4:1의 손익비로 2,000USD를 벌었다. 총 자본금은 7,500USD 바로 고정 손실 금액을 2,500USD로 설정해도 되지만 실패할 확률이 있기 때문에 총알을 여러 발로 나눈다. 원금을 제외한 수익금은 총 2,500USD다. 2,500USD를 500USD 5개로 나눈다면 총알 5발이거나 1,000USD 총알 2개, 500USD 총알 1개로 나눈다면 총알 3발이 되는 것이다.

만약 전자를 택해 총알이 5발인 500USD로 고정 손실 금액을 설정해 매매를 한다면 5번의 기회 중 1번만 성공해도 본전이다. 4:1의 손익비를 5번 거래해 1번만 성공한다면, 4의 수익 1번, 1의 손실 4번. 4-4=0.4의 수익 2,000USD. 1의 손실 2,000USD. 수익과 손실이 똑같아 총알이 5발이 유지된다. 혹여 5번 모두 실패하여 원금으로 돌아간다면 다시 2%의 비중으로 배팅 금액을 마련하면 된다.

이런 식으로 총알과 고정 배팅 금액을 늘려나가는 것이다. 원금은 안전하게 지키면서 돈을 불릴 수 있는 필자의 자본금 운용 방법이다. 우리는 트레이더로서 트레이딩을 하기 위해 모든 시나리오를 짜 놓고 시장에 참여해야 한다.

트레이더의 시나리오는 매매법만이 아니라 자본의 크기, 비중, 운용도 포함해야 비로소 우리가 지향하고 관철하는 행위인 돈을 벌 수 있다.

앞서 설명한 자본금 운영은 책에서 제시하는 매매법상의 자본금 운영이 아니라, 필자가 실제로 사용하는 방식의 예시이다. 앞으로 배우게 될 매매법과 자본금 운영과 혼동하지 않기를 바란다.

자세 1. "나는 전업투자자야"

또래의 아이가 기웃거리며 묻는다.
너는 무슨 일을 하길래 그런 차를 끌고 다니냐?

고개를 들고 대답한다.
나는 전업투자자야.
적성에 맞는 직업을 빨리 찾아서 행운이지.

아이가 의심의 눈초리로 바라보며 말한다.
그거 도박 아니야?

나는 미소를 머금고 대답한다.
그렇게 말하는 사람이 많아.

관계가 지속되고 다시 또래의 아이가 묻는다.
너 투자는 그렇게 잘하면서 이거는 하나도 모르네?
너 이거 못해?

상체를 뒤로 젖히고 다리와 고개를 들쳐 올리며
으스대듯 나를 본다.
나는 똑바로 보며 대답한다.
그렇네 잘 모르겠네. 그래서 어떻게 하는 거야?

매일 꾸준히 해야한다.

매일 매일 정해진 시간에 해야

손실을 회복하고

수익을 볼 수 있다.

이 매매법은 하루에 한 번 많으면 두 번

매일 정해진 시간에 돈을 벌 수 있는 매매법이다.

지표를 추가할 필요도, 뉴스를 볼 필요도,

경제 공부를 할 필요도 없는 매매법이다.

그저 매일 매일 같은 시간에 앉기만 하면 되는

단순하면서도 획기적인 매매법이다.

매매에 대한 설명 - 세팅하기

세상에는 다양한 매매법이 있고 다양한 매매에 맞는 지표들이 무수히 많다. 필자 또한 지표를 쓰고 지표에 맞는 매매법을 적용 시켜 매매를 이어나가고 있다.

하지만 이 매매법은 초보자를 위해 지표를 추가하지 않는다. 캔들만 보면 된다. 차트를 보는 프로그램은 트레이딩 뷰로 봐야 한다. 필자가 매매법의 진입, 손절, 통계를 모두 트레이딩 뷰로 백테스팅을 했고 현재도 진입 기준을 트레이딩 뷰로 보고있기 때문이다.

1. 차트의 세팅

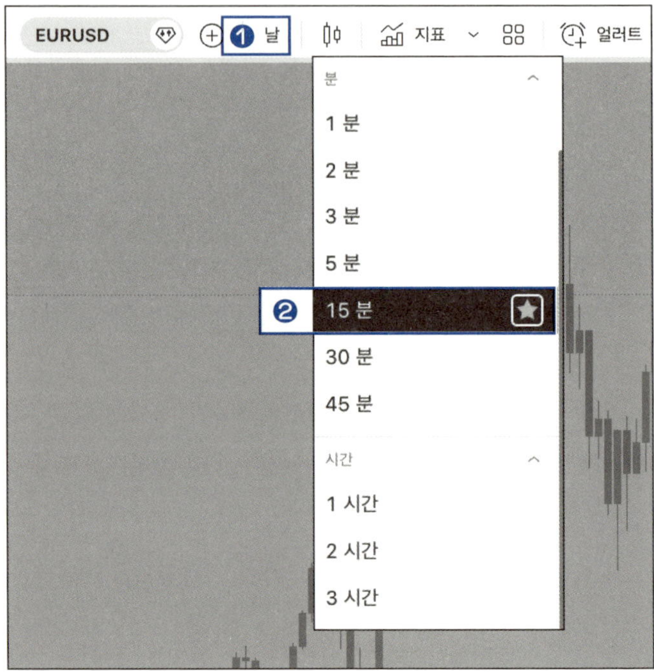

차트의 인터벌을 15분으로 세팅하기

트레딩뷰를 다운 받은 후 차트의 세팅으로 돌아가 차트의 인터벌은 15분이다. 쉽게 말해 M15, 15분봉으로 세팅한다.

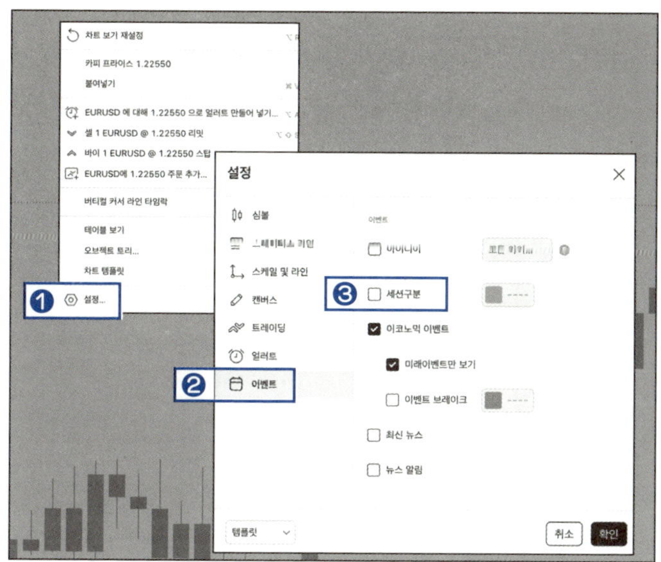

기간 구분선 추가하기

기간 구분(세션 구분)을 구별하기 쉽도록 기간 구분선을 추가 할 것이다. 기간 구분선이란 일자를 쉽게 구별하기 위한 선이다. 그림과 같이 차트에 빈 공간에 우클릭을 눌러 설정 — 이벤트 — 세션 구분 박스를 체크한다. 이렇게 기간 구분선 세팅이 완료되었다.

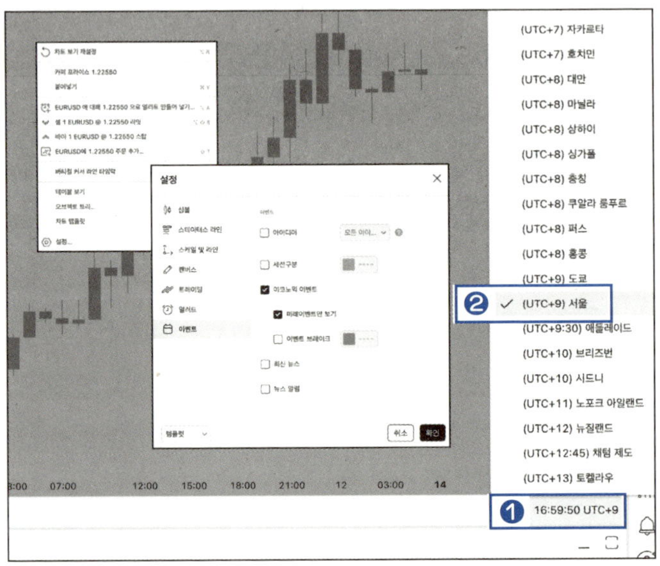

한국 시간대로 변경

이제 우리는 한국에서 거래하는 만큼 한국 시간대로 맞춰야 한다. 또한 이 매매법은 한국 시간 기준으로 설명하고, 진입하기 때문에 한국 시간으로 맞춰야 한다. 트레이딩뷰의 오른쪽 아래 타임존에서 (UTC+9) 서울을 선택한다. 이렇게 세 가지가 세팅이 된다면 차트 세팅은 끝이 난다.

2. 종목 선정

이 매매법은 유로달러에서 매매를 진행한다. 유로달러는 전 세계 외환시장에서 가장 거래량이 많은 통화쌍인만큼, 높은 유동성을 바탕으로 차트의 신뢰도 즉, 차트 분석이 잘 통하는 차트이기도 하다. 또한 거래량이 많아 스프레드가 좁고 체결이 빠르며 슬리피지가 적다.

여기서 스프레드가 좁다는 것은 수수료처럼 나가는 비용이 적다는 뜻이다. 우리가 거래를 시작하자마자 스프레드로 인해 잃은 상태에서 매매가 진행된다. 스프레드가 좁다면 잃는 금액을 작게 시작할 수 있다.

또한 슬리피지가 적다는 것은 주문 시점과 실제 체결 가격의 차이가 적다는 것이다. 시장 변동이 큰 순간에는 1.1000에 주문하고 싶었지만 1.1004에 체결되는 문제가 생기기도 한다. 하지만 유로 달러는 거래량이 많아 가격이 부드럽게 움직이고 빈 호가가 거의 없기 때문에 슬리피지가 적다.

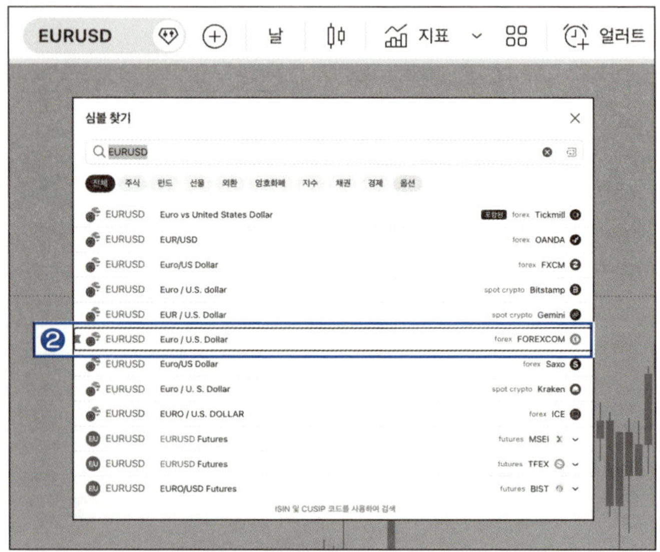

트레이딩 뷰에서 유로달러 차트를 보는 방법

트레이딩 뷰 창에서 왼쪽 상단에 위치한 심볼 찾기에서 EURUSD를 검색한다. 그러면 다양한 브로커들이 제공하는 골드의 차트가 검색된다. 우리는 FOREX.com에서 제공해주는 차트를 보면 된다. 필자가 FOREX.com에서 제공하는 차트를 보고 백테스팅과 진입을 진행하기 때문이다.

자세2. 네가 하는건 쉽고, 내가 하는건 어렵다

또래의 아이가 다가오며 말한다.
너 정말 대단하네, 한순간에 그만큼 벌은거야?

씁쓸한 표정과 걱정의 눈빛으로 나를 본다.
걱정의 눈빛이 무엇을 의미하는지 정확히는 모르지만, 투자 행위에 대한 걱정의 눈빛인지는 구분이 가능하다. 운이 좋았네, 한순간에 성공했네, 노력없이 편하게 돈 버네. 나는 이렇게 힘들고 어려운데…
시기, 질투의 감정이 칭찬으로 온다.

일론 머스크가 전기차를 뚝딱 만든 건 쉽고, 자신이 열심히 노력을 해도 변하지 않는 상황은 어렵다.
마우스 딸깍하는 투자는 쉽고, 자신이 투자를 위해 공부하는 여건을 마련하는 건 어렵다. 남의 성공은 쉽고 자신의 성공은 어렵다. 정말 그럴까?

혹여 내가 전 재산을 잃게 되더라도, 지금까지의 노력과 의지를 되새기며 확실하게 말할 수 있다. 나는 다시 성공할 수밖에 없다.

매매에 대한 설명 - 시작하기

1. 매일 미국 시장 개장 시간에 앉기

매일 같은 시간에 차트를 봐야 한다.

필자가 지인에게 이 매매법을 설명해 주면, 시간이 없다, 약속이 있다 등 여러 핑계를 댄다. 그렇다면 이 매매법은 할 수 없다. 친구와의 만남, 취미 활동, 어쩔 수 없는 저녁 식사 자리 등을 절제하고 유혹을 극복해야 한다. 그저 매일 미국 시장 개장 시간에 자리에 앉기만 하면 돈이 들어온다.

지표를 공부나 차트에 대한 명확한 해석도 필요없는 매

매법. 이보다 더 쉽게 돈을 벌겠다면 다른 방법을 찾아보라고 하고 싶다.

매일 같은 시간에 앉아 있는 것.

이것이 첫 단계이고 핵심이다.

미국 시장 개장 시간은 썸머타임 적용 여부에 따라 달라진다. 썸머타임이 적용되는 3월부터 11월 사이에는 한국 시간 기준 22시 30분에 개장하며, 썸머타임이 적용되지 않는 기간에는 23시 30분에 개장한다. 따라서 개장 시간에 맞춰 22:30 또는 23:30에는 반드시 자리에 앉아 있어야 한다.

2. 선 긋기

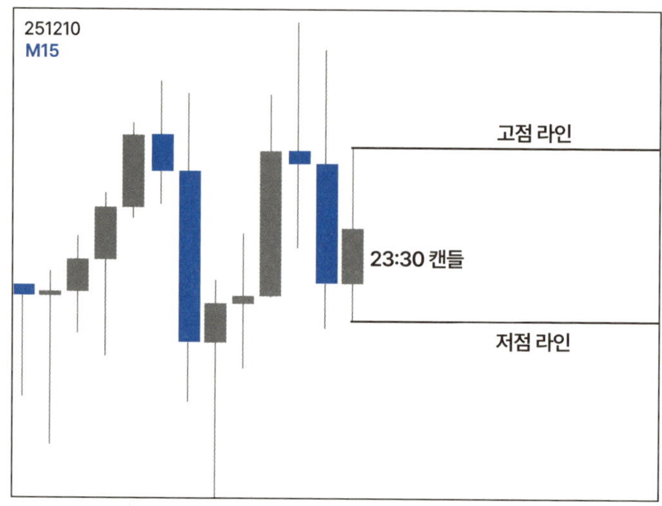

개장 후 첫 M15 캔들의 고점, 저점에 가로선 긋기

개장 시간에 맞춰 자리에 앉았다면, 개장 후 형성되는 M15 기준 첫 번째 캔들의 고점과 저점에 가로선을 그어 그림과 같이 표시한다.

3. 진입하기

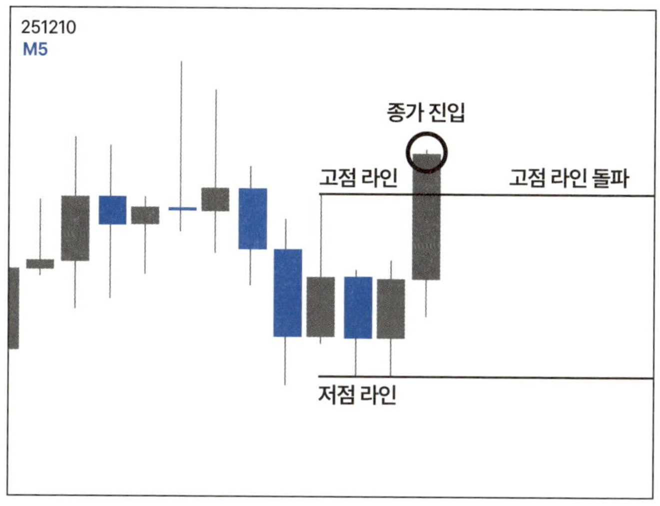

캔들이 그어둔 가로선의 어느 한 쪽 방향으로 돌파하면, 돌파한 방향으로 캔들의 종가에서 진입

가로선을 그은 후 M5로 차트 인터벌을 변경한 뒤 흐름을 관찰한다. 이후 가격이 우리가 그어둔 가로선을 돌파하고, 그 위 또는 아래에서 M5 기준 종가가 마감되면, 그 종가를 기준으로 돌파 방향으로 진입한다.

M15에서 선긋기

개장 직후 만들어진 M15 첫 캔들의
최고점과 최저점에 선을 긋는다.

M5로 변경

이후 차트를 5분 단위로(M5) 변경한 후
가격 변동을 주시한다.

선을 뚫기를 기다린다

그어둔 선을 뚫고 가격이 올라가거나 내려간
상태로 5분이 끝날 때까지 기다린다.

진입

뚫고 지나간 방향으로 진입한다.
(위로 뚫는다면 매수, 아래로 뚫는다면 매도)

손·익절 진행

이후 5분봉으로 관망하며 손·익절을 진행한다.

4. 목표가와 손절가 정하기

이 매매법에서 익절은 진입 이후 10핍(Pip)을 목표로 설정한다. 손절은 진입 방향과 반대편에 위치한 가로선을 5분봉 종가 기준으로 이탈했을 때 진행한다.

즉, 위쪽 가로선 돌파로 매수 진입했다면 가격이 돌아와 아래쪽 가로선 아래에서 캔들이 5분봉에서 마감될 경우 손절한다. 반대로 아래쪽 가로선을 돌파해 매도 진입했을 경우, 가격이 다시 위쪽 가로선 위에서 마감되면 손절하게 된다.

1) 익절(Take Profit)

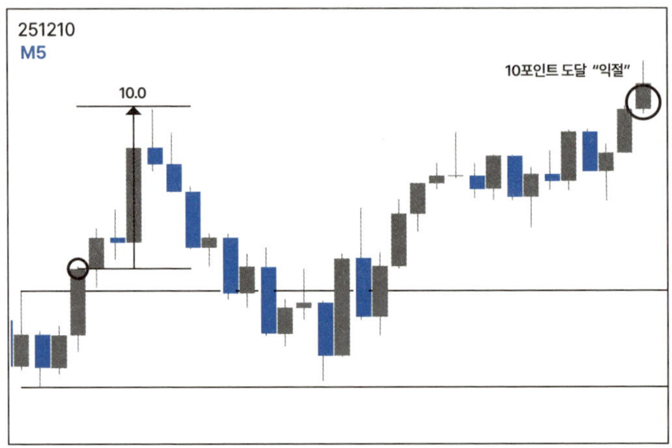

익절 목표는 진입가 기준 +10핍(Pip)

익절 목표는 진입가 기준 +10핍(Pip)로 설정한다. 가격이 진입 방향으로 10핍(Pip) 이동하면 포지션을 청산하며, 이는 단순하면서도 변동성 대비 안정적인 수익을 확보하기 위한 기준이다.

2) 손절(Stop Loss)

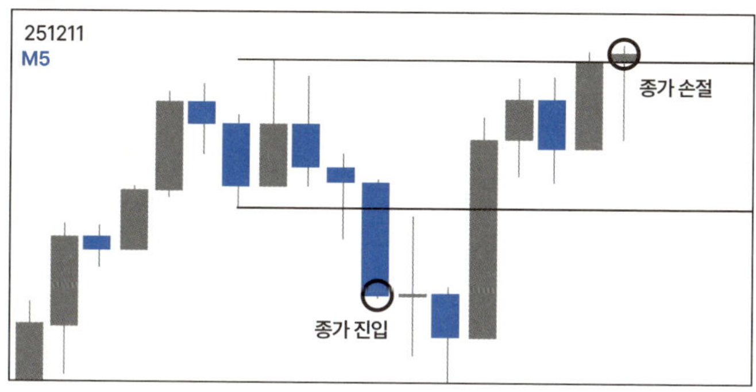

손절은 진입 방향의 근거가 되는 반대편 가로선 이탈 여부로 판단

손절 여부의 판단은 구체적으로 아래와 같다.

- 위쪽 가로선 돌파로 매수 진입한 경우 : 가격이 되돌아
와 아래쪽 가로선을 종가 기준으로 이탈하면 손절한
다.

- 아래쪽 가로선 돌파로 매도 진입한 경우 : 가격이 반대
로 움직여 위쪽 가로선 위에서 캔들이 마감되면 손절
한다.

이 기준은 "돌파가 실패했다"고 판단하는 순간 즉시 리
스크를 차단하기 위한 것이다.

5. 손절 이후 대응하기

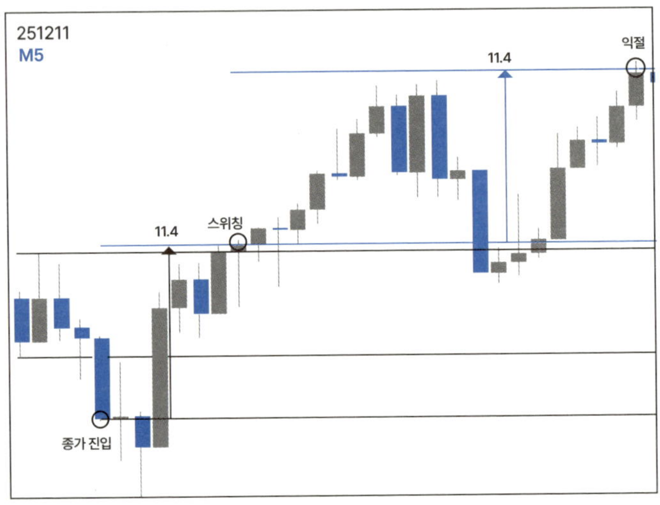

스위칭은 손절이 발생한 순간, 반대 방향으로 바로 잡아타는 동작

손절이 발생했다는 것은 가격이 우리가 정해둔 반대편 가로선에서 끝났다는 뜻이다. 이 상황에서는 처음 잡은 방향이 유지되지 않았다는 것이다. 그래서 손절이 나오면 그 자리에서 반대 포지션으로 바꿔 잡는 스위칭을 해야한다. 즉, 스위칭은 "손절이 발생한 순간, 반대 방향으로 바로 잡아타는 동작"이다.

<table>
<tr><td>매수로 진입했는데
반대 가로선에서 종가 마감</td><td>→ 매도 스위칭</td></tr>
<tr><td>매도로 진입했는데
반대 가로선에서 종가 마감</td><td>→ 매수 스위칭</td></tr>
</table>

여기서는 스위칭이라는 행동 자체만 이해하면 된다. 스위칭 후에 얼마의 랏수로 들어갈지, 어떤 배율로 조절할지, 어떤 방식으로 자본을 관리할지는 각자의 성향과 계좌 상황에 따라 선택할 수 있는 부분이며, 이는 자본운용 파트에서 별도로 설명한다.

손절과 익절

손절은 손절매(損切賣)의 줄임말로, 손실을 감수하고 매도해 더 큰 손실을 막는 전략이다. 익절은 이익이 발생했을 때 수익을 확정하고 매도하는 행동을 뜻하며, 줄임말이라기보다는 투자자들 사이에서 통용되는 관용적 표현이다.

손절과 익절은 모두 감정적 집착 없이 매매 계획을 지키는 자기 관리의 행위이며, 성공적인 투자자가 반드시 갖춰야 할 핵심 습관이다.

결국 매수보다 더 중요한 것은 언제, 어떤 기준으로 매도할 것인지에 대한 전략적 판단이다.

---

6. 스위칭 손절

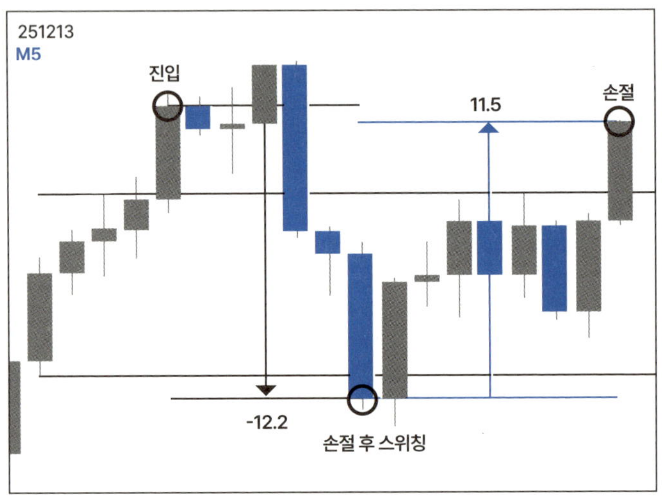

스위칭을 하고도 손실로 확정하는 경우

스위칭을 했음에도 반대 가로선에서 종가가 마감된다면, 그 매매는 완전한 손절로 받아들인다. 그날의 결과는 손실로 확정하고 더 이상 집착하지 않는다. 기회는 내일도 오기 때문에, 오늘의 손실 앞에서 스스로를 무너뜨릴 이유는 없다. 기회는 다시 온다.

7. 매일매일 하기

이 매매법은 복잡한 기술이나 오랜 경험을 필요로 하지 않는다. 어렵게 배울 것도 없고, 특별한 능력이 필요한 것도 아니다. 중요한 것은 단 하나, 매일 같은 방식으로 꾸준히 실행하는 것이다.

정해진 시간에 차트를 열고, 개장 첫 캔들을 화인하고, 선을 긋고, 조건이 충족되면 진입하는 이 단순한 과정을 단순 반복하는 것이다. 이 전략은 "실력을 키워야" 수익이 나는 방식이 아니다. 단순한 절차를 지속적으로 지키는 것만으로도 충분히 돈을 벌 수 있는 구조다. 그래서 더더욱 꾸준함이 중요하다. 하루하루 쌓여가는 반복이 결국 결과를 만들어낸다.

유로달러(EUR/USD)는 일반적으로 1.XXXXX 형식으로 표시된다. 이 숫자는 단순한 가격이 아니라 1유로당 몇 달러인지를 나타내는 환율이며, 변동 단위까지 이해해야 정확하게 해석할 수 있다.

외환 시장에서는 가격 변동 단위를 '핍(pip)'과 '포인트(Point)'로 구분한다. 유로달러 기준으로 전통적인 핍의 단위는 0.0001이다. 즉, 환율이 1.1050에서 1.1051로 움직였다면 이는 1핍의 변동이다. 핍 단위의 이해는 손익 계산, 포지션 규모 설정, 리스크 관리의 기본이 된다.

다만 최근 대부분의 브로커는 소수점 다섯 자리까지 표시한다. 이때 마지막 자리, 즉 0.00001 단위를 포인트(Point)라고 부른다. 다시 말해,

1핍=0.0001

1포인트=0.00001

이 구조에서 자연스럽게 다음 관계가 성립한다.

10포인트=1핍

유로달러가 1.10500에서 1.10510으로 움직였다면, 이는 10포인트 상승이며 동시에 1핍 상승이다. 가격 차이는 0.00010이 된다.

유로달러(EUR/USD) 기준 핍(Pip)과 포인트(Point)		
구분	단위 크기	소수점 자리
1포인트(Point)	0.00001	다섯째 자리
10포인트(Point)	0.00010	다섯째 자리 × 10
1핍(Pip)	0.0001	넷째자리

1Point=0.00001 **10Point=1Pip** **1Pip=0.0001**

소수점 다섯째 자리까지 표시되는 환경에서는 마지막 한 자리가 1포인트(=0.00001)이며, 10포인트가 모이면 1핍(=0.0001)이 된다.

또 다른 예를 보자.

1.10500에서 1.10550으로 움직였다면, 이는 50포인트이며 5핍 변동이다. 쉽게 말해 마지막 자리 변화는 포인트이고, 소수점 네 번째 자리 변화가 핍이다.

1.10500 → 1.10501 → 1포인트

1.10500 → 1.10510 → 10포인트=1핍

1.10500 → 1.10600 → 100포인트=10핍

주의할 점

1. 썸머타임 헷갈리지 않기

이 매매법은 미국 시장의 개장 첫 캔들을 기준으로 시작되기 때문에, 썸머타임 여부에 따라 개장 시간이 바뀌는 것을 반드시 정확하게 알고 있어야 한다.

개장 시간을 잘못 알고 있으면 이 전략의 출발점인 첫 캔들을 아예 놓쳐버리게 되고, 그날의 매매는 성립하지 않는다. 따라서 현재가 썸머타임인지 아닌지 매일 확인하는 것이 중요하다. 작은 실수 같지만, 이 전략에서는 가장 치명적인 실수다.

썸머타임	- 3월 ~ 11월 - 한국시간 22:30 개장
(非)썸머타임	- 11월 ~ 다음 해 3월 - 한국시간 23:30 개장

2. 수익을 낸 후 다시 가로선에 들어왔을 경우

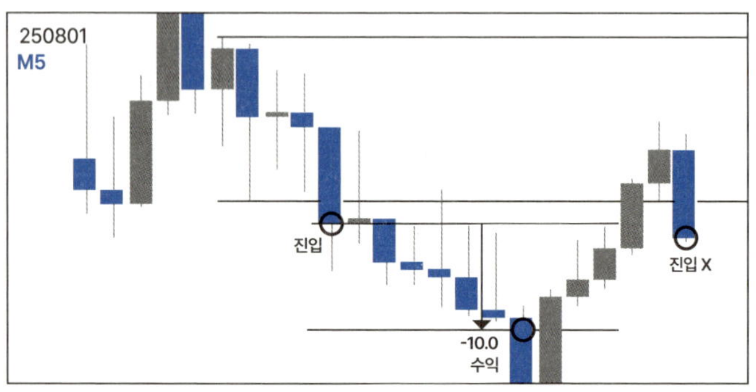

수익을 낸 후에는 다시 진입하지 않는다.

가로선을 돌파해 진입하고, 목표가인 10핍(Pip)을 이미 달성했다면 그 시점부터는 우리가 그어둔 가로선은 더 이상 의미가 없다. 익절이 나온 순간, 그 라인을 기준으로 하는 매매는 완전히 종료된 것으로 보고, 가격이 다시 가로선 안으로 되돌아오거나 돌파하는 모습을 보이더라도 추가로 진입하지 않는다. 이 전략은 하루에 여러번 많이 벌려는 방식이 아니라, 조건이 충족되면 한 번 진입하여 10핍(Pip)의 수익이 나오면 그날의 매매를 종료하는 방식이다. 목표 수익을 달성했다면, 남은 시간은 시장을 지켜볼 필요도 없다.

3. 첫 캔들이 과도하게 클 경우

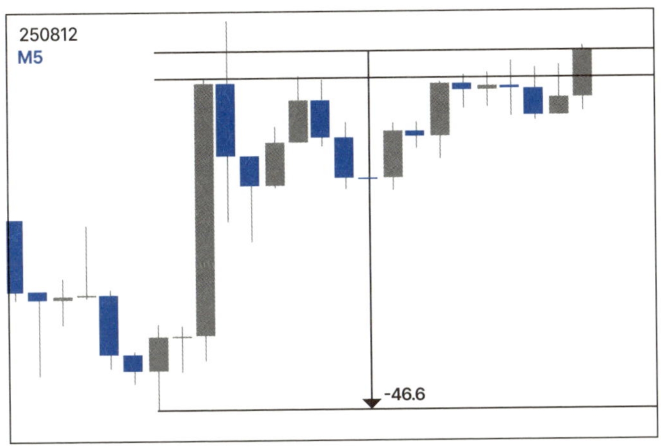

개장 첫 캔들이 지나치게 큰 경우 진입을 피한다.

진입 기준을 충족하더라도 개장 첫 캔들이 지나치게 큰 경우에는 진입을 피해야 한다. 미국 시장 개장 직후 형성되는 첫 번째 캔들이 과도하게 크면, 이후 손절 구간이 비정상적으로 넓어질 수 있다. 이러한 상황에서는 리스크가 과도하게 커지므로 진입을 하지 않는다.

진입 시점으로부터 반대 가로선까지 45핍(Pip) 이상이 된다면 진입을 자제하는 것이 좋다.

4. 미리 손절하는 경우

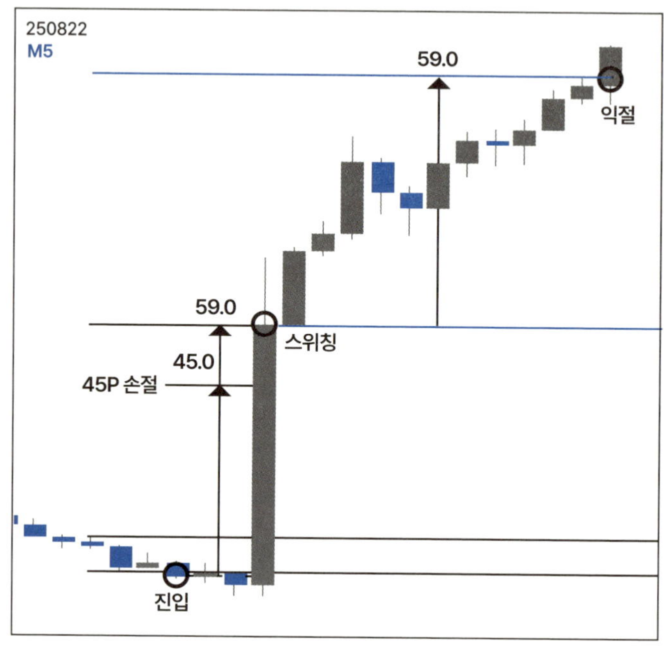

스위칭 후 기존 매매와 같이 대응

진입후 종가를 남기기 전에 손실이 45핍(Pip)라면 45핍 (Pip)에서 손절을 한다. 그리고 종가에서 스위칭을 하고 기존 매매와 똑같이 대응한다.

5. 날짜별로 독립되게 매매하기

진입한 포지션이 익절도 손절도 나지 않은 상태로 넘어갈 수 있다. 예를 들어 10월 13일에 가로선을 돌파하여 진입했지만 그날 장이 끝날 때까지 익절도, 손절도 발생하지 않았다고 하자. 이런 상황에서 다음 날의 매매는 어떻게 해야 하느냐가 문제다.

정답은 단순하다.

10월 13일의 매매와 10월 14일의 매매를 서로 구분해서 진행한다. 전날 포지션이 유지되고 있더라도, 다음 날이 되면 해당 날짜의 개장 첫 캔들 기준을 잡고 당일 매매를 새롭게 시작한다. 전날 포지션이 심리적으로 영향을 줄 수 있으나, 이 전략의 원칙은 "각 날짜별로 독립된 매매"이기 때문에 전날 포지션이 있다고 해서 당일 매매를 건너뛰거나 변경할 필요는 없다.

이 매매법에서 자본 운용은 복잡하게 계산할 필요가 없다. 기본 구조는 1,000달러=1랏을 기준으로 삼는 것이다. 즉, 자본이 늘어나면 랏수도 그에 맞춰 복리로 증가한다.

하지만 사람마다 자본 규모, 멘탈, 리스크 감내도가 다르기 때문에 기본값을 그대로 쓰지 않아도 된다. 각자 감당할 수 있는 비중으로 조정해서 운영할 수 있다.

1. 기본값 : 1,000달러 기준 1랏

예를 들어 첫날 10핍(Pip) 수익을 냈다고 가정해 보자.
- 자본 : 1,000 → 1,100 (1Lot → 10Pip=100USD)
- 다음 날 랏수 : 1.1랏

이처럼 자본이 늘어나는 만큼 다음 날 투입되는 랏수도 비례해 증가하고, 이에 따라 발생하는 수익의 폭도 점차 확대된다. 이러한 흐름이 반복되면서 수익이 다시 자본을 키우고, 커진 자본이 더 큰 수익을 만들어내는 복리 구조로 이어지게 된다.

2. 기본값의 비중을 조절

필자는 항상 1랏을 고정으로 쓰라는 것이 아니다. 중요한 것은 기본값에 '비중'을 곱해서 자신이 감당할 수 있는 크기로 랏수를 조절하는 것이다.

예를 들어 0.7 비중으로 운영하는 경우는 다음과 같다.

첫 날 기본값의 비중	자본금	1,000USD
	기본값	1Lot
	비중	0.7
	진입 랏수	1×0.7=0.7랏

여기서 첫날 10핍(Pip) 수익을 냈다면, 다음날 랏수 계산은 다음과 같다.

수익을 낸 다음 날의 비중	첫날 수익	0.7랏×10핍(Pip)=70달러
	자본	1,070USD
	다음날 랏수	1.07×0.7=0.749 (반올림 0.75Lot)

이런 식으로 매일 자본×비중으로 계산하면 된다.

여기서 중요한 점은 비중의 최대값은 1이라는 것이다. 1을 넘는 순간 위험이 과도하게 커지기 때문에 나는 비중은 1을 맥시멈으로 두는 것을 권장한다.(이것 또한 개인의 자유) 이 방식의 가장 큰 장점은 위험 부담을 스스로 조절할 수 있다는 점이다.

풀랏(1랏)이 부담스럽다면 0.7, 0.5, 0.3 등 자신이 감당할 수 있는 비중으로 자유롭게 낮춰 운용하면 된다. 중요한 것은 절대적인 랏수가 아니라, 자신의 자본 규모와 위험 감내 수준에 맞는 비율을 선택하는 것이다.

결국 자본금에 일정 비중을 곱하는 '기본값×개인 비중'이라는 단순한 공식 덕분에 누구나 복잡한 계산 없이도 손쉽게 산출할 수 있고, 같은 원칙을 일관되게 적용하며 꾸준히 운영해 나갈 수 있다.

3. 자본금이 축소되거나 청산된 상황

손실로 인해 원금의 절반 수준까지 감소했다면, 새로운 자본을 추가해 다시 기준 원금을 복구한다. 예를 들어 1,000달러로 운용하던 계좌가 손실로 450달러까지 줄어들었다면, 부족한 550달러를 보충해 다시 1,000달러를 기준으로 운용을 이어가는 방식이다.

이 매매법은 복리 구조로 진행되기 때문에 기준이 되는

자본금의 크기가 무엇보다 중요하다. 축소된 자본으로 계속 운용하는 것보다, 자본금을 신속히 회복해 복리 효과가 다시 정상적으로 작동하도록 만드는 편이 자금 운용 측면에서 훨씬 효율적이며 수익 극대화에도 유리하다.

이 매매법은 복리 구조로 진행되기 때문에

자본금의 크기가 무엇보다 중요하다.

자본이 축소되었다면 자본금을 신속히 회복해

복리 효과가 다시 작동하도록 만드는 편이

자금 운용 측면에서 효율적이며

수익 극대화에도 유리하다.

(달러)

	1월	2월	3월	4월	5월	6월
1일				1,096	1,100	
2일	1,100			1,205	1,511	1,100
3일	1,203	0	1,100	1,325		1,210
4일		1,100	1,210	1,457		1,331
5일		1,287	1,713		1,662	1,464
6일	1,323	1,450	1,884		1,828	1,610
7일	1,455	1,594	2,072	1,602	2,080	
8일	1,600			1,762	2,469	
9일	1,760			1,938	2,715	1,771
10일	1,936	1,220	2,279	2,131		1,948
11일		969	2,506	2,131		2,142
12일		1,130	2,894		2,986	2,356
13일	2,218	1,242	3,183		3,454	2,591
14일	2,439	1,485	3,501	2,344	3,888	
15일	2,682			2,578	4,276	
16일	2,950			2,835	4,883	1,467
17일	3,244	1,603	3,851	766		1,613
18일		1,763	4,236	842		75
19일		1,906	4,659		5,371	1,100
20일	3,568	2,194	5,124		5,908	1,210
21일	4,116	2,503	5,636	926	6,498	
22일	4,646			1,018	7,147	
23일	5,110			1,018	8,625	1,331
24일	5,621	2,841	6,199	562		1,464
25일		3,125	6,818	618		1,588
26일		3,490	8,398		9,487	1,746
27일	6,183	3,838	9,237		10,435	2,037
28일	2,698	4,378	10,160	679	11,478	
29일	2,967			746	12,625	
30일	3,408			820	15,666	2,256
31일	4,013		11,175			

7월	8월	9월	10월	11월	12월
1,205	1,100	1,100	1,100		1,100
1,463		1,210	1,210		1,210
1,756		427	1,321	1,100	1,331
1,931	1,210	1,100		1,210	1,464
	1,331	1,210		1,319	163
	1,464		1,453	1,450	
1,488	1,610		878	1,594	
793	1,771	1,331	965		1,100
462		1,464	1,061		678
1,100		1,645	1,167	1,753	745
1,210	1,948	602		1,928	829
	1,948	662		2,120	540
	2,142		785	2,331	
1,331	2,356		909	2,564	
1,464	2,591	449	1,007		596
1,860		1,100	1,107		655
1,262		873	1,217	1,540	720
1,464	2,923	0		1,677	373
	3,215	1,350		1,843	1,100
	3,536		1,338	2,027	
1,610	3,889		721	2,247	
1,770	6,721	1,513	793		701
1,946		1,068	647		771
2,140		1,174	383	2,471	621
2,353	7,715	1,291		2,718	621
	9,612	1,420		2,989	471
	5,932		1,100	3,252	
1,406	6,525		1,210	3,577	
1,546	7,177	1,561	643		1,093
1,700		1,717	369		1,187
1,869			1,100		1,305

▪ 거래일: 261일

▪ 승: 224일

▪ 패: 33일

▪ 패스: 4일

▪ 총승률: 85.82%

2025년 월별 자본금 변화

월	순수익(A)	손실(B)	계(A-B)	
			달러	원화
1월	3,013	0	3,013	4,284,486
2월	3,378	-1,000	2,378	3,381,516
3월	10,175	0.00	10,175	14,468,850
4월	0	-180	-180	-255,960
5월	14,666	0.00	14,666	20,855,052
6월	1,256	-925	331	470,682
7월	869	-538	331	470,682
8월	6,177	0.00	6,177	8,783,694
9월	717	-2,124	-1,407	-2,000,754
10월	100	-1,248	-1,148	-1,632,456
11월	2,577	0.00	2,577	3,664,494
12월	305	-2,366	-2,061	-2,930,742
합계	43,233	-8,381	34,852	49,559,544

* 원화 환율은 2025년 평균 환율인 1달러=1,422원으로 계산함.
*손실(B)는 앞의 <2025년 일별 자본금 변화(매월 1,000달러 기준)>의
Bold 표시된 부분에서 확인할 수 있다.

복리 적용 여부에 따른 자본금 변화(2025년 5월, 9월) (달러)

	복리가 아닌 경우		복리인 경우	
	5월	9월	5월	9월
1일	1,100	1,100	1,100	1,100
2일	1,477	1,200	1,511	1,210
3일		553		427
4일		653		1,100
5일	1,577	753	1,662	1,210
6일	1,677		1,828	
7일	1,777		2,080	
8일	1,965	853	2,469	1,331
9일	2,065	953	2,715	1,464
10일		1,053		1,645
11일		367		602
12일	2,165	1,100	2,986	662
13일	2,322		3,454	
14일	2,448		3,888	
15일	2,548	777	4,276	449
16일	2,690	877	4,883	1,100
17일		594		873
18일		0		0
19일	2,790	1,350	5,371	1,350
20일	2,890		5,908	
21일	2,990		6,498	
22일	3,090	1,471	7,147	1,513
23일	3,297	1,176	8,625	1,068
24일		1,276		1,174
25일		1,376		1,291
26일	3,397	1,476	9,487	1,420
27일	3,497		10,435	
28일	3,597		11,478	
29일	3,697	1,576	12,625	1,561
30일	3,938	1,676	15,666	1,717
31일				
순수익금	2,938	-957	14,666	-1,407

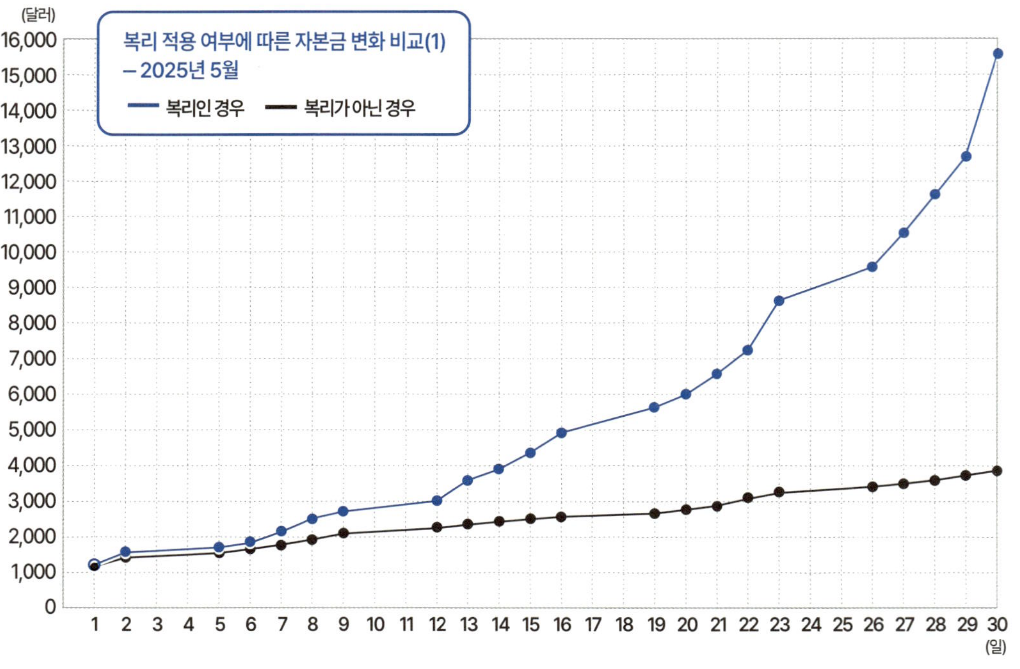

(달러)
복리 적용 여부에 따른 자본금 변화 비교(1)
─ 2025년 5월
복리인 경우
복리가 아닌 경우
(일)

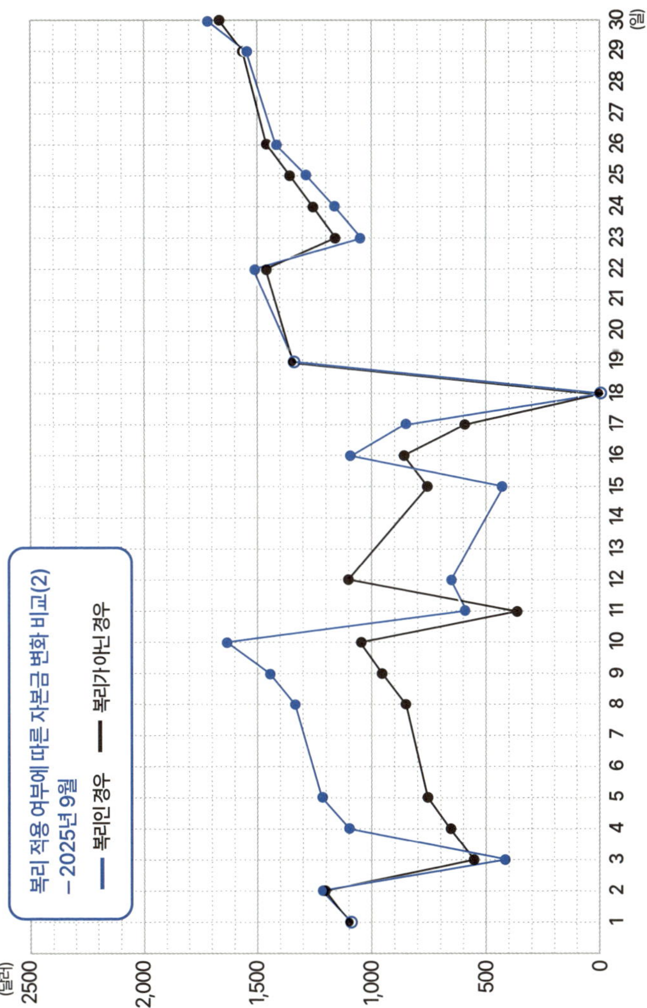
복리 적용 여부에 따른 자본금 변화 비교(2)
–2025년 9월
복리인 경우
복리가 아닌 경우
(달러)
(일)

레버리지

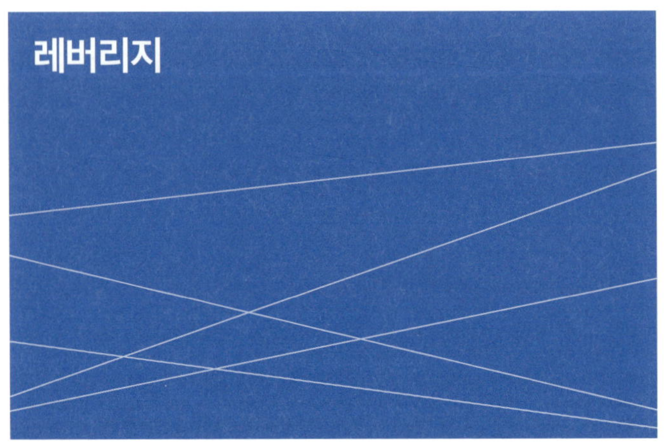

　레버리지는 증거금(담보성 원금)을 맡겨서 얻게 된 신용을 바탕으로 실제 거래액을 증폭시키는 투기시장의 특성이다. 투기의 특성답게 레버리지는 위험하다는 인식이 강하다. 정확하다.

　레버리지는 매우 위험하다. 잘 모르고 접근하는 사람에 한해서. 어렴풋이 위험하다는 인식으로만 레버리지를 멀리하고 등한시 한다면 자본주의 세상에서 뒤처질 수밖에 없다. 레버리지가 정확하게 무엇인지 알고 레버리지를 할지 안 할지 선택하는 것과 아무것도 모르고 레버리지를 안 하는 것은 엄연히 다르다.

필자는 레버리지라는 시스템을 정확하게 알고 선택을 하였으면 한다. 레버리지의 뜻을 처음 듣고 이해하기 어려운 독자들을 위해 쉽게 부동산으로 예를 들어 설명하자면 이렇다.

평가액 1억 원 아파트를 은행 대출 8천만 원과 자기 원금 2천만 원으로 구매했을 경우, 자기 자본 비율은 20%가 된다. (2,000만 원 ÷ 1억) 자신의 투자 원금 2,000만 원의 5배에 해당하는 자산을 운용하게 되는 셈이므로, 이 아파트는 '레버리지 5배'로 투자한 부동산이라고 말할 수 있다.

만약 레버리지 없이 100달러를 투자하고 1%의 수익이 났을 때 수익금은 1달러에 그치지만, 레버리지 1,000배라면

레버리지(leverage)는 자기 자본보다 큰 금액을 투자하기 위해 외부 자금을 활용하는 전략이다. 작은 힘으로 큰 것을 움직이는 지렛대 원리에서 유래한 개념으로, 타인의 자본이나 빌린 돈을 이용해 수익률을 높이려는 방식이다. 쉽게 말해, 가진 돈보다 더 큰 금액으로 거래해서 수익을 키우는 투자 방법이다.

같은 투자금으로 1,000달러의 수익을 얻을 수 있다. 반대로 1% 수익이 아닌 손실이라면 -1,000달러의 손실을 볼 수 있는 양날의 검이다. 하지만 우리가 투자한 금액은 100달러이기 때문에 100달러만 잃게 되는 것이다. 위와 같이 레버리지를 활용한다면 적은 금액으로도 수익을 극대화 시킬 수 있다. CFD 시장이 당신에게 밸런스 게임을 권하는 것이다. "1,000달러를 벌 수 있는 기회가 있는데 100달러를 잃을 수도 있어. 이 게임을 할래?"라고 하는 것과 같다.

필자의 답은 YES다. 말도 안되는 게임 같지만 실제로 CFD 브로커에서 레버리지를 기용하여 위와 같이 매일 돈을 잃고 버는 중이다. CFD는 레버리지 설정이 보다 자유롭기 때문에 자본 운용, 매매 전략에 알맞게 레버리지를 설정한다면 안전하고 빠르게 자산을 증식시킬 수 있는 도구다.

그렇다면 CFD 거래에서 레버리지 효과가 생기는 이유가 무엇일까? 이유는 간단하다. 우리가 CFD브로커에게 '담보'라는 개념의 증거금을 납입하고 실제 거래는 브로커가 제공하는 매매 시스템(HTS)상의 '가상의 돈'으로 실행하기 때문에 원금의 수백 배나 되는 거액을 간편하게 빌려 쓸 수 있게 되는 것이다. 여기서 손실이 발생하더라도 우리가 납입한 '담보' 즉 증거금 한도 내에서 처리되는 구조이다.

CFD 브로커

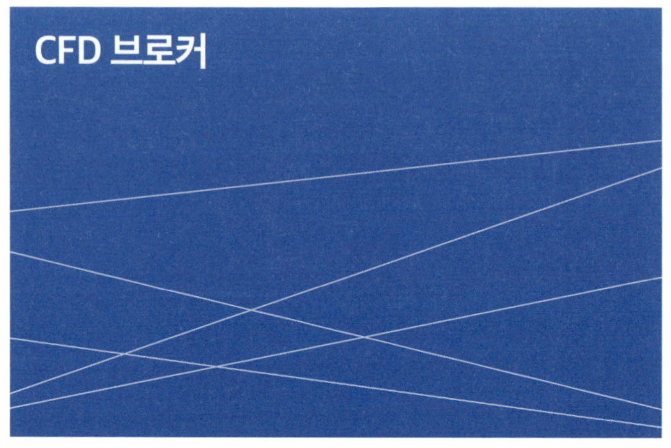

투자 시장에서 'CFD 브로커'라는 단어는 아직 생소하게 느껴지는 경우가 많다. 심지어 한 번도 들어보지 못했거나, 정확히 무엇을 의미하는지 모르는 투자자도 적지 않다. 그러나 CFD 브로커를 이해하려면 그에 앞서 CFD가 어떤 구조의 상품인지부터 정확히 짚고 넘어가야 한다.

CFD(차액결제거래)란 Contract For Difference의 약자로 Difference는 차액, Contract는 계약을 의미한다. 실제 증권이나 상품을 직접 사고 팔며 수익을 내는 시스템이 아니라 매수 또는 매도를 누른 시점의 시세와 익절 또는 손

절을 누른 시점의 시세 차액만을 결제하는 금융투자상품이
다.

쉽게 말해 실제 상품은 보유하지 않은 채, 인터넷상에서
베팅한 시점과 청산한 시점의 가격 변동 차액, 즉 시세 차액
만을 정산하여 매매를 할 수 있게끔 한 것이 CFD이다. 이
CFD를 거래하기 위해선 CFD 브로커를 거쳐 거래를 할 수
있다.

국내에서도 CFD를 거래할 수 있는 제도적 환경은 마련
되어 있다. 그러나 해외 CFD 브로커와 비교하면 거래 조건
측면에서 여러 제약이 존재한다. 상대적으로 높은 수수료
부담이 있고, 동일 종목에 대한 양방향 매매가 제한되는 등
운용의 유연성도 떨어지는 편이다.

무엇보다 가장 큰 진입 장벽은 '개인 전문투자자'만 거
래가 가능하다는 점이다. 따라서 국내 CFD를 이용하려면
먼저 개인 전문투자자 요건을 충족해야 한다. 개인 전문투
자자의 기준은 다음과 같다.

1. 금융투자상품에서 5,000만 원 이상의 잔액을 1년 이상 유지

2. 연 소득 1억 원 이상

3. 주택 제외 순자산 5억 원 이상

4. 금융투자업 종사자, 변호사, 회계사, 금융투자 관련 자격증 보유자

위 조건 중 하나를 충족하면 개인 전문투자자로서 국내에서 CFD거래를 할 수 있는 자격이 주어진다. 이러한 조건을 만족하기엔 어려울뿐더러 많은 제약과 단점을 들고 있는 국내 CFD보다 오히려 혜택이 많은 해외 CFD 브로커를 통해 거래를 하는 것이 현명하다고 볼 수 있다.

CFD 브로커는 돈만 있으면 누구든지 투자할 수 있고 수수료 또한 싸기 때문에 국내 CFD 증권사 보다 진입 장벽이 낮다. 하지만 CFD 브로커라는 명칭으로 신뢰를 받지 못하고 꺼려하는 경향이 있다. 브로커라는 단어는 알선업체 또는 중개인이라는 뜻도 있지만 세계 금융 업계에서는 중개회사, 즉 증권사를 의미하는 단어로 사용되고 있다. 브로커라는 단어로 색안경을 낄 필요는 없다.

나스닥 기준 CFD브로커

국내	해외선물 거래소	CFD 브로커
최소 증거금 (최소 필요한 돈)	높음 (약 2,500만 원 마이크로 250만 원)	낮음 (최소 400원)
최소 진입 단위 (계약 비중)	1계약	0.01랏 (소수점 매매 가능)
레버리지	고정 (변경 불가)	설정 가능 (1~1000배)
만기	있음(3개월)	없음

혹자는 이렇게 질문할 수 있다.

CFD도 알겠고 국내 CFD보다 해외 CFD 브로커를 통해 거래하는 것이 더 장점이란 것도 알겠는데 굳이 CFD를 해야 해?

국내 증권사에서 해외선물을 하면 되지 왜 귀찮게 해외 CFD 브로커 같은 걸 하라는 거야? 맞는 말이다. 귀찮다면 국내 증권사에서 해외선물을 하면 된다. 하지만 필자는 장담한다. 국내 해외선물과 CFD의 차이점을 안다면 귀찮아

	주식투자	CFD 브로커
금융기관	키움증권	상위 10위 브로커 중 1
운용금액	원금 1억 원으로 1억 원	원금 50만 원으로 1억 원
레버리지	없음	있음
수수료1	거래세 0.3%(청산 시)	스프레드 0.2핍(0.002%)
수수료2	거래수수료 0.015%	왕복 5천 원(1랏 계약시)
총 수수료	315,000원	7,000원

도 CFD 브로커로 눈길을 돌릴 것이다. 추가로 해외선물이 아닌 일반 주식투자와 CFD 브로커를 비교한다면 압도적인 차이가 보일 것이다. 비교 자체가 의미없는 일이다. 수수료 체계가 크게 다르게 때문에 직접적인 비교가 힘들지만 비트코인 마진 거래나 해외선물 등의 파생상품과 비교해도 수십 배 정도 저렴한 수준이다. 현존하는 최고의 금융 상품이라 해도 과언이 아니다.

수수료 뿐만 아니라 소수점 매매로 인한 낮은 증거금,

보다 자유로운 레버리지 설정, 만기가 없는 장점을 고려해 다양한 전략을 구사할 수 있는 곳이 CFD 브로커다. 국내 해외선물 증권사와 CFD 브로커를 선택하기 전에 첫 번째 고려해야 할 것은 돈을 지키는 것이다. 돈을 더 잘 지키는 방향성으로 우리는 선택해야 한다. 다음과 같은 시스템 차이를 보고 돈을 더 수월하게 잘 지킬 수 있는 혜안을 가질 것이라 믿는다.

만약 우리가 진입한 가격에 대해 시장이 불리하게 움직일 경우 우리는 계좌의 자본(증거금)이 위협받고 결국 강제청산 당한다. 이 시장의 오랜 경험자라면 2~3번 있는 일이다. 강제청산을 당할 때 국내 해외선물 증권사와 CFD 브로커가 제공하는 시스템은 비슷한 듯 다르다. 국내 해외선물 증권사는 마진콜 시스템을 운영하고 CFD 브로커는 제로컷 시스템을 운영한다.

우선 국내 해외선물 증권사가 사용하는 시스템인 마진콜에 대해 설명하겠다. 유지증거금률이 100% 이하로 떨어지면 추가로 부족한 증거금을 요구하는 것을 마진콜이라고 한다. 마진콜을 충족하지 못하면 증권사는 강제로 계약을 청산하여 손실을 회수한다. 이 시스템에서 해외선물을 할 때 빚이 생긴다는 말이 나오는 것이다.

일반적으로 마진콜 시스템은 투자자가 계좌의 자산(증거금) 이상으로 손실을 보지 않도록 설계되어 있다. 하지만 극단적인 시장 상황에서는 강제청산이 즉시 이루어지지 않거나, 시장 가격이 급변하여 예상보다 큰 손실이 발생할 수 있다. 이러한 경우 계좌 잔고를 초과하는 손실이 발생하여 빚을 질 가능성이 생기는 것이다. 쉽게 말해 마진콜 시스템은 시장이 급변하면 빚이 생길 수 있다는 점이다.

CFD 브로커가 운영하는 제로컷 시스템은 마진콜과 마찬가지로 강제청산하는 시스템이기 때문에 마진콜과 혼동하는 경우가 많다.

하지만 제로컷 시스템은 시장 가격이 급변하여 계좌의 손실이 잔고 이상만큼 발생하려 할 때 손실을 리셋을 해주는 구조다. 계좌의 자산(증거금) 이상으로 손실이 발생하려 하면 모든 포지션이 제로가 된다는 것이다. 쉽게 말해 제로컷 시스템은 시장이 급변하여도 빚이 생기지 않는다는 것이다.

　여담으로 마진콜 시스템은 돈을 잃는 방법을 학습시키는 시스템이라고 생각한다. 나의 판단 실수로 발생한 손실에 대해 마진콜 시스템인 돈을 넣어 회생한다면 다음 번의 실수 또한 돈을 넣어 회생한 경험으로 실수만 한다면 돈을 증권사에 갖다 바치는 구조가 될 수 있다. 그에 비해 제로컷 시스템은 실수를 깔끔하게 인정할 수 있다. 돈을 넣으라는 압박도 없고 CFD 브로커이기 때문에 거래에 참여하는데 거액의 돈도 필요 없기 때문이다.

CFD 브로커를 고를 때

앞의 글을 읽고 CFD 브로커 가입을 위해 검색을 해본다면 정말 많은 CFD 브로커가 검색될 것이다. CFD 브로커는 4,000곳 이상의 브로커들이 있기 때문에 그 중에 올바른 브로커를 고르기 쉽지 않을 것이다. 더군다나 금융 후진국인 대한민국을 겨냥한 공격적인 다단계 영업을 통해 타사에 비해 혜택이 좋지 않은 CFD 브로커가 한국에서 버젓이 활개 치고 있는 상황이다.

브로커 선택이 중요한 이유는 당연히 돈과 직접적으로 연관이 있기 때문이다. 거래를 하는데에 있어서 빠질 수 없

 어제 또 돈벌었다 매매의 법칙

는 것이 수수료다. 수수료 1~2달러 차이를 대수롭지 않게 생각할 수 있지만 쌓인다면 무시할 수 없는 수준이다.

스캘핑(초단타) 트레이더의 경우, 하루 30번 이상 거래하는 경우도 많다. 한 번에 1랏 규모의 포지션이라고 가정하면 수수료 1달러 절약이 매달(20일) 600달러의 추가 수익을 발생시킨다. 1년이면 7,200달러이니 지금 환율로 치면 거의 1,000만 원에 가까운 거금이다. 수수료 1달러 차이가 이렇게 크지만 한국에서 가장 인기가 많은 CFD 브로커는 수수료를 얼마나 매기는지 표기도 해 놓지 않아 확인이 어려운 실정이다.

우선 브로커를 선정할 때는 여러 항목을 따져봐야 한다. 항목을 하나하나 따져가며 브로커를 선정하면 좋겠지만 정보의 바다에서 올바른 정보, 필요한 정보들을 골라내기 어려운 심정을 안다. 필자가 쓰고 있는 브로커를 추천해주고 싶지만 브로커를 통해 혜택을 받는 오해를 주고 싶지 않아 좋은 브로커의 조건을 말해주고자 한다.

　한국에서 가장 많이 오해하고 인식이 안 좋은 부분이 혜택 부분이다. CFD에서 혜택이라 함은 보너스와 캐시백 등이 있다. 하지만 불법 도박 사이트에서 홍보하는 단어와 같기 때문에 꺼려하는 경향이 있어 혜택을 줘도 받지 않는 경우가 대부분이다. 그래서 그런지 실제로 한국에서 가장 인기가 많은 CFD 브로커 또한 보너스와 캐시백이 없다. 오히려 혜택이 없는 것이 정직하다고 생각하는 점도 있는 것 같다.

　하지만 그 생각은 정반대이다. 혜택을 많이 주는 브로커가 좋은 브로커일 확률이 높다. 혜택을 주는 행위는 당연 사람들을 많이 끌어모으기 위함인 것은 맞다. 이러한 행위를 할 수 있는 이유는 우리나라와 달리 오프쇼어 국가에서는 각종 혜택 서비스를 사행성 상품이나 유인, 낚시 행위로 규정하지 않기 때문이다.

오프쇼어(Offshore)는 원래 '연안에서 떨어진'이라는 뜻이지만, 경제·금융 분야에서는 자국 외 지역에서 이루어지는 자금 운용이나 금융활동을 뜻한다. 특히 오프쇼어 금융은 조세 회피나 규제 회피를 목적으로 해외에 설립된 금융회사나 계좌 등을 포괄하며, 종종 조세피난처(Tax Haven)에서 활용된다.

여기서 오프쇼어 국가란 합법적 조세 피난처다. '택스 헤이븐'라고도 불리며 듣기 좋은 말로 바꾸면 '절세 지역'이다. 잘 모르는 사람들은 '고작해야 조세 피난처'라는 좋지 않은 시선으로 바라보곤 하는데, 이들 국가(또는 자치구)의 대부분은 우리 나라보다 발달한 금융 시스템이 도입되어 있다. 조세 피난처 소재의 회사가 아니면 누릴 수 없는 장점이 해외 브로커들을 끊임 없이 태동시키는 '연료'라고 볼 수 있겠다.

이 덕분에 CFD 브로커들은 절약되는 비용과 세금만큼 스프레드(수수료)를 줄이고 고객의 입금 보너스를 위한 예산을 편성할 수 있게 된다. 실제로 상위 브로커들끼리 혜택 면으로 서로 경쟁하여 고객은 자기 입맛에 맞게 고르기만 하면 되는 상황이다.

여기까지 이해했다면 보너스나 캐시백 등 혜택이 없는 CFD 브로커는 얼마나 괘씸한지 알 수 있다. 금융 후진국인 한국에 다단계 영업으로 보다 많은 수수료와 받지 못하는 혜택을 감수하면서까지 단순히 한국인 인지도라는 명목으로 좋지 않은 CFD 브로커를 선택하는 일이 없었으면 한다.

여담으로 해외 브로커를 통한 CFD 거래가 합법인지 불법인지 헷갈리는 사람은 '자본 시장과 금융투자업에 관한 법률(자본시장법) 시행령 184조'를 자세히 보길 바란다. 시행령 184조에서는 1항만 봐도 된다. 또한 '자본시장법 제5조'에도 위배되지 않았다. 위 이유 말고도 너무 많지만 어려워지는 내용이기 때문에 여기까지 마치겠다.

**어제
또 돈벌었다
매매의 법칙**

초판 1쇄 발행 2026년 4월 1일

지은이 ｜ 안세민

펴낸이 ｜ 장지숙

펴낸곳 ｜ 도서출판 글넝쿨

등록 ｜ 2020년 2월 14일(2020-000005)

주소 ｜ 부산광역시 수영구 수영로 582번길 50

전화 ｜ 051. 758. 3487

블로그 ｜ https://blog.naver.com/sentencegarden

ISBN 979-11-972743-6-7 • 13320